Sabine Herold

GOTTES STÄRKE IN MIR

SABINE HEROLD

Gottes STÄRKE in mir

*Resilienz-Gedanken
aus Bibel und Alltag*

Über die Autorin:
Sabine Herold ist reformierte Pfarrerin, verheiratet und sie hat 3 Kinder. Sie wohnt im Kanton Solothurn in der Schweiz.

Anmerkung zur Bibelübersetzung:

Die Bibelverse werden nach verschiedenen Übersetzungen zitiert und sind jeweils gekennzeichnet: ELB (Elberfelder Bibel), GNB (Gute Nachricht Bibel), HFA (Hoffnung für Alle), LUT (Lutherbibel 2017), NGÜ (Neue Genfer Übersetzung), NLB (Neues Leben. Die Bibel), SLT (Schlachter 2000)

Bibliografische Information Der Deutschen Bibliothek
Die Deutsche Bibliothek verzeichnet diese Publikation in der Deutschen Nationalbibliografie; detaillierte bibliografische Daten sind im Internet über http://dnb.dnb.de abrufbar.

ISBN 978-3-96362-261-8
© 2022 by Francke-Buch GmbH
35037 Marburg an der Lahn
Umschlagbild: © istockphoto.com/Liliboas
Umschlaggestaltung: Francke-Buch GmbH/Marion Schramm
Satz: Francke-Buch GmbH
Druck und Bindung: CPI books GmbH, Leck

www.francke-buch.de

Inhalt

Am Anfang ein Wort ...

Als ich mich auf die Reise durch das Thema Resilienz in der Bibel aufmachte, hätte ich niemals gedacht, welche Fülle mir unterwegs begegnen würde. Auch wenn der Weg zwischendurch steinig, steil und beschwerlich war, so fühlte und fühle ich mich überreich von Gott und seinem Wort beschenkt.

Von ganzem Herzen danke ich all denen, die an diesem Buch mitgedacht, mitgeschrieben und mitgewirkt haben – ganz besonders meiner lieben Freundin und Perle Monika, die jeweils als Erste meine Worte zu lesen bekam und mit konstruktiven Rückmeldungen zum Gelingen beigetragen hat. DANKE!

Mein innigster Dank gilt Gott, meinem HERRN, der bei mir ist und der mich in meinem Leben noch nie im Stich gelassen hat – egal, wie tief und finster das Tal war.

Einleitung

Resilienz – ein Begriff, der in den letzten Jahren an Bedeutung gewonnen hat. Es gibt eine Resilienzforschung, Resilienz-Seminare und eine ganze Liste an Literatur zum Thema. Doch Resilienz ist keine theoretische Sache, sondern zeigt sich in den Bewährungsproben des Lebens. Wie resilient ein Mensch ist, kann nicht theoretisch, per Wissensaneignung in einem Kurs oder Buch über Resilienz getestet oder gelernt werden. Die Widrigkeiten und Krisen des Alltags machen erst die innere Stabilität und Flexibilität einer Person sichtbar.

Dennoch ist es durchaus sinnvoll, sich mit diesem Thema auseinanderzusetzen und an sich selbst wahrzunehmen, ob und wie man bisher mit Schicksalsschlägen oder Schwierigkeiten umgegangen ist. Und es ist sinnvoll, sich selbst so weit kennenzulernen, um mit den Fähigkeiten und Stärken, die Gott geschenkt und ins Leben hineingelegt hat, den Herausforderungen und Schwierigkeiten des Lebens zu begegnen und in den »kleinen« Alltagssituationen zu üben.

Warum schreibe ich dieses Buch?

Auch wenn es in diesem Buch nicht um die Corona-Thematik gehen soll, so hat doch diese Krise für mich den Anstoß gegeben, mich mit Resilienz in der Bibel vertieft zu beschäftigen. Durch die Pandemie war mit einem Schlag die ganze Welt herausgefordert, sich einer Bedrohung zu stellen, die für jeden und jede Folgen hat – für die einen körperliche und gesundheitliche, für andere berufliche und finanzielle, familiäre und soziale, für wieder andere vor allem psychische. Doch von der Pandemie abgesehen gibt es im Leben noch unzählige andere Schwierigkeiten wie Schicksalsschläge, Krankheiten, Bedrohungen und Krisen zu bewältigen.

Die meisten von uns sind nicht an Leib und Leben bedroht oder stehen unter ständigem Psychoterror und Druck. Doch gerade in der Bedrohung durch ein winziges Virus wird sichtbar, wie stabil, wie flexibel, wie stark wir sind, und es stellt sich die Frage, wer oder was uns in Schwierigkeiten wieder aufrichten und ermutigen kann – was uns stärkt.

Als Pfarrerin und Theologin ist es mir deswegen ein Anliegen, den Bezug zur Bibel herzustellen und die Schätze zu heben, die Gott uns darin geschenkt hat und die sich seit Jahrtausenden in Leid, Not und Schwierigkeiten als grundlegende Ressourcen bewährt haben.

Die Bibel erzählt Leidensgeschichten und Schicksalsschläge von verletzlichen Menschen, wie wir es auch sind. Sie erzählt aber auch ermutigende Hoffnungsgeschichten von Menschen, die dennoch immer wieder aufgestanden und weitergegangen sind, mit Gott an der Seite und mit seinen Zusagen im Herzen.

Woran liegt es, dass diese Menschen nicht zerbrochen sind, dass das Fünkchen Hoffnung in ihnen nicht erloschen ist? Was hat sie aufgerichtet? Wer hat sie gestärkt? Was hat ihnen geholfen?

Dieses Buch soll keine weitere theoretische, wissenschaftliche oder psychologische Abhandlung zu einem aktuellen Thema werden – abgesehen davon wäre ich dafür nicht die richtige Person. Dieses Buch schöpft aus der Schatztruhe Bibel. Es soll als Ermutigung dienen, trotz und in allen Widrigkeiten dennoch Ja zum Leben zu sagen und dem Hoffnungshorizont entgegenzuleben, den Gott uns in seinem Wort in Aussicht stellt. Dabei geht es um die folgenden Fragen:

- Wie können wir unseren Lebensmut und unsere Lebensfreude bewahren, selbst in Krisen und Schwierigkeiten?
- Wie wird es möglich, Leid zu erleben und dennoch daran zu reifen, dass es uns zum Besten dient?[1]
- Wie können wir unser Leben weitgehend selbst bewältigen und handlungsfähig (selbstwirksam) bleiben, anstatt uns vom erfahrenen Schmerz lähmen zu lassen?
- Wie kommen wir dahin, Ja zum Leben zu sagen, so wie es ist, und zu akzeptieren, dass unser Lebensweg nicht immer so verläuft, wie wir ihn uns wünschen?
- Was bietet Gott uns in seinem Wort an, das uns fürs Leben stärkt?

Viel Segen beim Lesen und Leben wünscht
Sabine Herold

---

1. Römer 8,28 LUT: »Wir wissen aber, dass denen, die Gott lieben, alle Dinge zum Besten dienen.«

Allgemein erklärt

Was meint Resilienz?

Auf der Suche nach der Bedeutung des Begriffs »Resilienz« gibt es unzählige Erklärungsangebote, sowohl im Internet als auch in der Literatur. Das Wort »Resilienz« leitet sich vom lateinischen Wort »resilire« ab, das »zurückspringen« bzw. »abprallen« bedeutet. Der Begriff Resilienz kommt aus der Physik bzw. Werkstoffkunde und meint hochelastische Stoffe, die nach schwerer Belastung wieder in ihren ursprünglichen Zustand zurückkehren. Man kann auch an einen Strohhalm oder an Schilfrohr denken, das sich im Wind biegt und mit dem Wind mitgeht. Es kämpft nicht dagegen und leistet auch keinen Widerstand, denn sonst würde es möglicherweise zerbrechen. Es passt sich den Umständen an und verhält sich entsprechend zu ihnen.

Resilienz ist die Fähigkeit einer Person, ihre psychische Gesundheit in und trotz schwierigen Lebenssituationen, Schicksalsschlägen, Stress etc. aufrechtzuerhalten oder nach diesen Krisen wiederherzustellen. Resilienz ist eine innere Stärke und Stabilität, um Belastungen auszuhalten und flexibel auf sie zu reagieren. Es ist die Fähigkeit, das Leben trotz Schicksalsschlägen, Verlusten, Enttäuschungen … zu bewältigen und die Hoffnung nicht aufzugeben. Vielleicht könnte man kurz und knapp sagen: Resilienz ist ein gelebtes »Dennoch«.

Jeder Mensch geht unterschiedlich mit Krisen und Schicksalsschlägen um. Es gibt nicht das Rezept oder die Formel, die auf alles und jeden oder jede anwendbar ist. Wir Menschen sind – Gott sei Dank (!) – verschieden: einzigartig, einmalig. Und so haben wir auch einen einzigartigen Umgang mit unserem Leben. Jeder und jede hat eigene, wunderbare Ressourcen, Kompetenzen, Fähigkeiten und Fertigkeiten (Skills), Kraftquellen sowie persönliche Bewältigungsstrategien (Coping), um den Lebensmut zu bewahren und das Leben mit seinen Herausforderungen zu meistern – die einen mehr, die anderen weniger.

Und im Leben werden uns viele verschiedene Situationen zugespielt, um uns in der Bewältigung des Alltags zu üben und unsere Resilienz zu stärken.

Auch wenn ein Mensch besonders resilient ist, heißt dies aber nicht, dass er immer alles aushalten muss. Es gibt auch Situationen, die beendet oder beseitigt werden können oder von denen man sich durchaus verabschieden darf. Wir sind nicht grundsätzlich Opfer der Umstände oder anderer Menschen, sondern dürfen unser Leben leben: als mündige und verantwortungsbewusste Persönlichkeiten. Ja, vielleicht ist es an der Zeit, nicht mehr länger nach Schuldigen für das eigene Schicksal zu suchen, sondern sich von der Rolle des ewigen Opfers zu verabschieden und das Leben in die Hand zu nehmen.

Was in unserem Verfügungsbereich ist, was wir ändern können und ändern wollen, dürfen wir mutig in Angriff nehmen, ganz nach dem bekannten Gelassenheitsgebet von Reinhold Niebuhr:

»Gott, schenke mir die Gelassenheit, Dinge hinzunehmen, die ich nicht ändern kann,

den Mut, Dinge zu ändern, die ich ändern kann,

und die Weisheit, das eine vom andern zu unterscheiden.«

Dort, wo wir keinen Einfluss auf die Umstände haben, wo etwas nicht in unserem Verfügungsbereich ist, dürfen wir uns in Gelassenheit, im Aushalten, im Umgang mit den Schwierigkeiten üben. Aber wie? Darum wird es in den folgenden 7 Kapiteln dieses Buches gehen.

Wir alle haben unsere Geschichte. Jeder und jede hat eine individuelle Kindheit und Jugend erlebt. Die einen von uns mussten schon vieles in ihren frühen Lebensjahren bewältigen, manche sind durch ihre schwierige Kindheit zu starken Persönlichkeiten geworden, andere sind daran fast zerbrochen und leiden bis ins Erwachsenenalter so sehr, dass sie kaum ihren Alltag bewältigen können. Aber auch in späteren Jahren können uns Schicksalsschläge völlig aus der Bahn werfen und nicht alle finden wieder zu einer Normalität und psychischer Gesundheit zurück.

Was macht den Unterschied? Womit hängt es zusammen, dass die einen zwar verletzlich sind, aber nicht am Leid zerbrechen, sondern handlungsfähig bleiben, während andere schon durch den kleinsten Stress völlig aus der Bahn geworfen werden? Was macht einen resilienten Menschen aus?

Unterschiedliche Faktoren tragen dazu bei, dass eine Person Krisen und Schicksalsschläge bewältigen kann. In der Resilienzforschung gibt es inzwischen zahlreiche Aspekte. Einige davon möchte ich in diesem Buch thematisieren und mich an den Buchstaben des Wortes **STAERKE** orientieren:

S wie Selbstvertrauen, Selbstwertgefühl und innere Stabilität:
Je mehr Selbstvertrauen eine Person hat, je mehr sie sich selbst als wertvoll sieht, desto stabiler ist sie. *Achtsamkeit* und eine positive Einstellung sich selbst und dem Leben gegenüber helfen, die eigenen Ressourcen und Fähigkeiten zu entdecken sowie *offen* zu sein und *flexibel* zu bleiben für das, was kommt.

Doch wie kommt ein Mensch dahin, das Selbstvertrauen und Selbstwertgefühl so zu stärken, dass er sogar in Leid und Schwierigkeiten stabil bleibt?

T wie trotzdem hoffen, trotz allem das Gute sehen und darauf ausgerichtet bleiben:
Wir sind umgeben von Gutem. Die Kunst ist, dies entdecken zu wollen und wahrzunehmen. Auch dazu braucht es *Achtsamkeit* für das Umfeld und die eigene Biografie, denn der Blick zurück kann uns Möglichkeiten aufzeigen, was uns früher geholfen hat und heute wieder helfen kann. Das Gute im Blick zu haben und zu behalten, stärkt, ermutigt und bewirkt Zufriedenheit. Damit verbunden ist die Hoffnung und das Vertrauen, dass die Zukunft auch wieder besser wird. Diese positive Grundhaltung (inklusive Humor!) sind wertvolle Ressourcen, die zu einer positiven, fröhlichen Grundhaltung beitragen, die sich nicht so schnell unterkriegen lässt. Dies ersetzt jedoch keinen Arztbesuch. Es ist sehr wichtig, fachliche Hilfe in Anspruch zu nehmen!

A wie Akzeptieren, was man nicht ändern kann, die Realität annehmen, wie sie ist, und sich in allem Gott anvertrauen:
Hierbei geht es um »die Gelassenheit, Dinge hinzunehmen, die ich nicht ändern kann«. Dies ist, wenn ein Mensch Ja

sagen kann zum Leben, wie es ist, und nicht, wie er es gerne hätte. Dies meint, wenn eine Person die Situation, in der sie ist, akzeptiert, anstatt ständig dagegen anzukämpfen. Dann hat sie auch mehr Kraft, Energie und Nerven, um die Herausforderungen des Lebens zu bewältigen, anstatt alle Kraft im Kampf und Widerstand dagegen zu verlieren oder daran zu zerbrechen. Und: Die Situation einem Größeren zu überlassen und sich Gott mitten im Leid anzuvertrauen – das entlastet und entspannt.

*E wie eigene **E**instellung verändern und **E**influss nehmen:*
Hier geht es um Handlungsmöglichkeiten, Veränderungsbereitschaft bzw. um »den Mut, das zu verändern, was ich ändern kann«. Wo etwas in unserem Verfügungsbereich ist, können wir am Geschehen mitwirken und es verändern. Wo wir keinen Einfluss auf eine Situation haben, liegt es trotzdem in unserer Verantwortung, wie wir darüber denken und wie wir damit umgehen. Hier können wir an unserer Einstellung zum Geschehen arbeiten, diese verändern und möglicherweise Einfluss nehmen. So bleiben wir in einem gewissen Bereich handlungsfähig, anstatt Opfer der Umstände zu sein.

*R wie **R**ückhalt in Beziehungen, **R**essource soziales Netzwerk (Sozialressourcen wie Familie, Freunde, Gemeinschaft, Kontakte) und **R**uf nach Unterstützung:*
Wo jemand mindestens eine verlässliche Bezugsperson im Leben hat, die zu ihm steht, die ihn akzeptiert, unterstützt und fördert, ist diese Erfahrung ein wertvolles Fundament, um Krisen zu bestehen. Wir alle brauchen einen oder mehrere Menschen im Leben, die uns zur Seite stehen und uns

begleiten. Hilfe kommt aber nicht immer automatisch. So braucht es auch den Ruf nach Unterstützung, d. h. die Fähigkeit, um Hilfe zu bitten und diese in Anspruch zu nehmen.

K wie Kraftquelle Spiritualität:
Gottvertrauen trägt durch schwierige Zeiten und ist eine geheimnisvolle Kraftquelle, die sich seit Jahrtausenden bewährt hat. Wo ein Mensch sich mitten im Leid von Gott begleitet und getragen erfährt, wo er um einen Zufluchtsort weiß, an dem er seine Lasten, seine Ängste und auch sich selbst Gott überlassen kann, hat er eine Kraftquelle, die außerhalb von ihm liegt und durch die er von außen Zuspruch erfährt. Denn wenn wir ehrlich sind, dann ist es schwierig, alles selbst zu machen und uns selbst Stärke zuzusprechen. Ebenso können der Glaube, Gottes Wort, das Gebet oder auch Seelsorgegespräche zu Kraftquellen werden, die einen Menschen innerlich stärken und ihm Stabilität geben.

E wie die Erlaubnis zu wünschen, zu träumen und Erwartungen ans Leben zu haben:
In uns Menschen schlummert die Sehnsucht nach Leben, nach Lösungen, nach Erlösung. Wenn ein Mensch Ziele, Träume, Wünsche im Leben hat und seiner Sehnsucht Raum gibt, dann motiviert dies, durchzuhalten und sich danach auszurichten. Wer ein Ziel im Leben hat, ist anders unterwegs als jemand, der ziellos umherirrt und keinen Plan hat oder gar in der Vergangenheit feststeckt. Visionen und Verheißungen beflügeln und setzen Energien frei, um das »Verheißene Land« und den Hoffnungshorizont im Auge zu behalten und so die Zukunft mitzugestalten, selbst in Schwierigkeiten und durch Wüstenzeiten.

Zum Aufbau der Kapitel

Nach einem kurzen allgemeinen, theoretischen Teil als Einführung zu jedem Kapitel kommt jeweils die Bibel zu Wort. Zunächst gebe ich einen kurzen Einblick, wie dieses Thema in der Bibel vorkommt. Anhand einer biblischen Person oder Situation wird dann ein Aspekt der Resilienzthematik vertieft beleuchtet und die Brücke zu heute geschlagen. Hin und wieder sind wir auch eingeladen, himmlische Wirk-Worte auf uns wirken zu lassen.

Menschen von heute berichten Erlebtes: wie sie mit Schwierigkeiten umgehen, wer oder was ihnen hilft, ihre innere Stabilität und Stärke zu behalten oder wiederzuerlangen. Wo wir unsere Erfahrungen mitteilen und so mit anderen teilen, können diese wiederum andere ermutigen, ihnen helfen und neue Perspektiven eröffnen.

In jedem Kapitel will uns eine kurze Meditation dazu einladen, mit Gott ins Gespräch zu kommen und in der Begegnung mit ihm unser persönliches »Resilienz-Training« zu absolvieren.

Die Rubrik ANgeDACHT und ein Gebet schließen jedes Kapitel ab und ermutigen zur Umsetzung des Gelesenen. Manchmal tauchen auch zwischendurch Gebete auf.

Die Kapitel zu den sieben Themenbereichen (STAERKE) sind nicht strikt voneinander zu trennen. Manchmal fließt das eine ins andere über oder betrifft auch ein Thema, das in einem anderen Kapitel beschrieben wird. Das zeigt: Die Aspekte der Resilienz hängen alle zusammen und sind miteinander verflochten so wie das stabile Wurzelgeflecht von Schilfrohr.

Ich möchte jedoch ausdrücklich erwähnen, dass dieses

Buch nicht den fachlich medizinischen und therapeutischen Rat ersetzt. Es soll nicht der Eindruck entstehen, dass die Unterstützung in Form von Therapie oder auch Medikamenten unwichtig sei. Die Texte, Meditationen und Erfahrungsberichte in diesem Buch sollen dazu ermutigen, sich mit Gottes Wort und seinen Zusagen auseinanderzusetzen, die uns trösten, stärken und begleiten. Gerade bei psychischen Erkrankungen ist es jedoch unbedingt erforderlich, sich von Fachkräften beraten und unterstützen zu lassen.

Mit Gott im Gespräch

Stell dir vor, es ist Sprechstunde bei Gott und du gehst hin.
Du trittst ein.
Ein warmes, angenehmes Licht heißt dich willkommen,
lädt dich ein, Platz zu nehmen.
Das tut gut.
Gott kommt zu dir, sieht dich an. *»Ja, bitte?«*

»Ich komme nicht klar. Diese Krise überfordert mich. Schlimmer geht's nimmer!
Wie soll ich damit nur umgehen?«

»Wie bist du denn bis jetzt damit umgegangen?«, fragt Gott.
»Na ja, nicht besonders gut ... Ich kann nicht schlafen, zerbreche mir den Kopf, grüble den ganzen Tag, habe Angst, weine viel, fühle mich gestresst. Erlebe eine große Leere und

Unruhe in mir. Ich fühle mich so hilflos und ohnmächtig ...
Was soll ich tun?«
Flehend schaust du Gott an.

»*Komm mit mir, ich zeige dir etwas*«, lädt Gott dich ein.
Du gehst mit ihm mit.
Vor einer Schatztruhe bleibt ihr stehen. Deine Neugierde ist geweckt.
»*Du darfst sie öffnen!*«, bietet Gott dir an.

Du öffnest vorsichtig den Verschluss und hebst den Deckel hoch.
Dann schaust du hinein ... und staunst.
Das hättest du nicht erwartet:

In der Schatztruhe siehst du dich selbst wie in einem Spiegel.
Du siehst dich als Person, die mit Herausforderungen und Krisen, mit Problemen und schwierigen Situationen und Menschen umgehen kann.
Du siehst Menschen aus deinem Umfeld, die dir guttun – und du ihnen.
Du erinnerst dich an Schwierigkeiten aus der Vergangenheit, die du bewältigt hast.
Du entdeckst verborgene Kraftquellen und das, was dir Freude bereitet.
Du erkennst Stärken und Fähigkeiten, die dir bis jetzt nicht bewusst waren.
Und: Du realisierst, dass *Einer* immer da war, da ist und da sein wird – auch in dieser Krise.
Gott schaut dich fragend an. »*Und – wie willst du jetzt damit umgehen?*«

»Ich glaube, da gibt es eine ganze Menge ... Ich glaube, jetzt komme ich klar.

Du bist ja da, bei mir!«

Dann gehst du, mit einem Herzen voller Zuversicht und einem Kopf voller Ideen den Herausforderungen entgegen ... und ebenso mit der Lust,
dich näher mit dieser Schatztruhe zu beschäftigen und zu entdecken,
was sonst noch alles darin ist.

Erfahrungen mitteilen

Resilienz ist Beten: Reden mit Gott
Viele Jahre lang habe ich mich mit Resilienz befasst und gearbeitet. Ich erinnere mich noch, als Ende der 80er-Jahre der Begriff erstmals auftauchte und ich dazu einen ganzen Tag lang eine Weiterbildung besuchen durfte.

Heute ist Resilienz für mich bewusstes Sprechen, Klagen, Fragen und Reden mit Gott. In seiner »Sprechstunde« kann ich die Fragen stellen, die mich beschäftigen und umtreiben. Dies wurde mir in einer Andachtswoche zum Thema »Begegnungen mit Jesus« bewusst.

Es bedeutet für mich, mich zu öffnen – sorgsam, achtsam, um die Zeichen und Botschaften wahrnehmen zu können. So kann ich Kräfte, Mut und Vertrauen spüren, dies umsetzen und weitergeben. Das gelingt nicht immer, doch dafür sind Glücksmomente mit neuem Vertrauen und Ermutigungen Zeichen der Liebe Gottes.

Dazu ein Beispiel: Neulich hatte ich einen total »blöden« Tag – keine Freude, müde, enttäuscht. Ich war unzufrieden, ängstlich und sogar ärgerlich darüber, dass ich so leer, unzufrieden und freudlos war. Da kam mir plötzlich ein Blitzgedanke an die »Sprechstunde« bei Gott: Wanderschuhe anziehen, ab in den Wald und mich bewegen. Nach ca. einer Stunde Wanderung setzte ich mich auf eine Bank, um Gott meine Sorgen, meine Unzufriedenheit und Leiden im Gespräch zu übergeben. Da ging nach einer Weile ein ganz feines Rauschen und Raunen durch die Blätter und in mir ein leises Zittern ... mich selbst erfüllte eine wunderbare Leichtigkeit, Glück und Freude. In großer Dankbarkeit und Zufriedenheit konnte ich diesen Tag mit neuer Energie erleben.

Und meine heutige Erkenntnis nach vielen Jahren Psychologie-Arbeit: Nur mit Gottes »Mit-Dabeisein« kann es gelingen und weiterwirken. Das beglückt mich!

Françoise

Zu Scherben stehen – denn das befreit!

Es ist schon mehr als dreißig Jahre her, dass ich zum ersten Mal psychiatrische Hilfe in Anspruch nehmen musste. Es war viel zerbrochen in meinem Leben und in meinem Herzen. Ironischerweise war es aber meine feste Angewohnheit, Leid zu leugnen oder zu verdrängen. Das erschien mir einfacher, als mich den leidvollen und schmerzhaften Erinnerungen zu stellen. In einer Therapiesitzung wurde ich aufgefordert, ein Glas bewusst zu zerbrechen. Anhand dieses Bildes wollten wir über Schmerzen sprechen, die keine Gestalt hatten. Eben Scherben!

Diese Episode fiel mir ein, als ich etliche Jahre später eine alte japanische Kunst kennenlernte, eigentlich eher eine »Reparaturmethode«. Es geht um Kintsugi, Goldlackverbindungen. Das alte Handwerk umschreibt die Technik, ein zerbrochenes Gefäß – vor allem Keramik- oder Porzellanbruchstücke – mithilfe von Goldpulver in mehreren Schichten wieder aneinanderzufügen. Der Effekt ist faszinierend! Es entstehen wahre Kunstwerke.

Dieses Kunsthandwerk zeigt mir: Es ist möglich, mit Scherben zu leben. In Anlehnung an unsere christliche Tradition, die unsere Vergebung im Tod von Jesus sieht, ist das verwendete Edelmetall Gold sprichwörtlich wertvoll, ja kostbar. Ich bin immer noch am Lernen, so wie das Handwerk des Kintsugi-Meisters nie endet. Es wäre ein Trugschluss, dass wir Schmerz oder Scherben vermeiden können. Aber sie integriert in unserem Alltag anzuerkennen, hat etwas sehr Befreiendes.

Ruth

Resilienz ist: den Blick für das Kleine und Unscheinbare schärfen
Wenn ich alle Theorie und alle Fachkenntnisse weglasse und einfach nur auf mein Herz höre, wie ich Resilienz erlebe, passiert Spannendes: Vor mir sehe ich einen leuchtenden Schmetterling in Orange. Meine Augen folgen seinem schaukelnden Flug. Spannend!! Denn bei seinem Weg schließt und öffnet er die Flügel, ich sehe die kräftigen Farben und sie verschwinden genauso schnell wieder. Das ist Leben in Bewe-

gung: der Wechsel zwischen Farben und dunkler Rückseite, das Spiel von Schatten und Licht. Das zu wissen, macht mich gelassener.

Die reichen Botschaften der Natur im stillen Gebet mit meinem Schöpfer zeigen mir immer wieder neue Wege, wie ich Mut und Zuversicht tanke. Gerade eben bin ich mit meinem Hund durch den spätherbstlichen Wald gewandert und eine tiefe Melancholie überkam mich. Unter meinen Füßen ein Teppich von Blättern, oben leere Baumkronen, nicht mehr zu unterscheiden von abgestorbenen oder ruhenden Bäumen. Da hörte ich eine Verheißung, die mich innehalten ließ: »Hanna, du kennst den Ablauf aller vier Jahreszeiten. In meiner Hand liegt schon der Frühling bereit – du kannst ihn nur noch nicht sehen, aber du weißt es.«

Und ich realisierte, wie urgewaltig diese Worte sind. Sogar wenn ich sterben würde, würde ich den gewaltigsten aller Frühlinge erleben: die Auferstehung! Das ist Resilienz.

Resilient mit Krisen und Belastungssituationen umzugehen, bedeutet für mich vor allem, Frustrationen und Überforderungsgefühlen vorzubeugen und selbst für Motivation und Erfolgserlebnisse zu sorgen. Hierzu gehört eine ordentliche Portion Mut! Es erfordert die Kunst, auch mal Nein zu sagen, sich abzugrenzen und sich damit bei anderen vielleicht unbeliebt zu machen.

Hanna

Kapitel 1

Stabilität durch Selbstvertrauen und Selbstwertgefühl

S wie Selbstvertrauen, Selbstwertgefühl
und innere Stabilität

Je mehr Selbstvertrauen eine Person hat, je mehr sie sich selbst als wertvoll, angenommen und geliebt erlebt, desto stabiler und innerlich stark genug ist sie, um schwierige Situationen zu bewältigen. Unser Denken und Bewerten beeinflussen unser Befinden und unsere Gefühle. *Du bist, was du denkst.* Dieser Ausspruch beschreibt die Macht der Gedanken über uns selbst. Der englische Philosoph James Allen schrieb: *»Wie ein Mensch denkt, so ist er; wie er weiterdenkt, so bleibt er.«*[2]

Wie denkst du? Wie denkst du weiter? Wo sich ein Mensch gewollt, angenommen, geliebt und dazugehörig, beheimatet, verwurzelt erlebt, nährt dies das Vertrauen in ihn selbst und in andere. Ebenso kann dies das Selbstwertgefühl stärken.

---

2 Vgl. Florian Hoffmann: https://medium.com/mindsetboosting/du-bist-was-du-denkst-wie-deine-gedanken-deine-realit%C3%A4t-schaffen-ae-62d6a53ace

Im gleichen Zusammenhang wie das Wort Selbstwert werden häufig die Begriffe Selbstwertgefühl, Selbstvertrauen, Selbstbewusstsein und Selbstsicherheit erwähnt. Bei diesen Ausdrücken geht es um die Überzeugungen, die wir über uns und unsere Fähigkeiten haben. Es geht ebenso um die Bewertungen, die wir uns selbst geben oder die wir von anderen über uns übernehmen. Entsprechend dieser Deutung folgt dann unser Selbstwertgefühl, das heißt gewisse Empfindungen über uns selbst. Wir können also durchaus beeinflussen, welchen Wert wir uns selbst zuschreiben.

Ja, wir können daran arbeiten, wie wir uns selbst sehen, wie wir über uns denken und wie wir auf Menschen, Situationen und Ereignisse reagieren, die uns in unserem Alltag und Leben begegnen. Wir haben die Möglichkeit, uns zu etwas und zu jemandem zu verhalten und so an einem Geschehen mitzuwirken (= Selbstwirksamkeit) – selbst wenn es nur unsere eigene innere Einstellung betrifft.

Wir haben die Möglichkeit, uns selbst als Versagerin oder Versager zu sehen und uns abzuwerten, abzulehnen und zu verurteilen. Dann wird das Selbstwertgefühl vermutlich noch geringer. Wir haben aber immer auch die Möglichkeit, einen Fehler, einen Misserfolg, eine Verletzung als Chance zu nehmen, um daraus zu lernen und uns weiterzuentwickeln, es das nächste Mal wieder zu versuchen. So bleibt das Selbstwertgefühl unverletzt.

Meine Entscheidung, wie ich persönlich über etwas denke, etwas deute, etwas bewerte, hat Auswirkungen auf mein Befinden, auf meine Gefühle. Und: Es ist allein meine Entscheidung, ob ich mich als wertlos, klein, unwichtig, schlecht ... oder als fähig, wertvoll, stark, selbstbewusst ... betrachte.

Und was hat es mit dem Selbstvertrauen auf sich? Selbstvertrauen ist das Vertrauen, das ein Mensch in sich selbst hat; das Zutrauen, das eine Person zu sich selbst hat. Eine Person mit Selbstvertrauen weiß um eigene Fähigkeiten, sie hat eine eigene Meinung, die ihr etwas bedeutet, und sie hat auch den Mut, dazu zu stehen, ohne sich sofort verunsichern zu lassen, wenn andere diese Ansicht nicht verstehen oder teilen.[3]

Doch wie kommt ein Mensch dahin, das Selbstvertrauen und Selbstwertgefühl so zu stärken, dass es sogar in Leid und Schwierigkeiten stabil bleibt? Leider können nicht alle von uns im Rückblick auf ihre Kindheit sagen, dass sie gewollt, erwünscht, geliebt, angenommen waren oder es so erlebten. Doch wir sind nicht mehr die unmündigen Kinder, die wir einmal waren. Wir haben heute die Möglichkeit, etwas aus einer anderen Perspektive – aus der Sicht einer erwachsenen Person – zu betrachten und einem Geschehen eine neue, andere Deutung zu geben als bisher. Wir haben durchaus Einfluss darauf, wie wir im Hier und Jetzt mit vergangenen Erfahrungen, aktuellen Erlebnissen oder auch mit vor uns liegenden Ereignissen umgehen, wie wir darüber denken und was wir daraus machen.

Allerdings können wir uns nicht immer und in Bezug auf alle Lebensthemen selbst das zusprechen oder geben, wonach wir uns sehnen, vor allem, wenn wir genau dort einen großen Mangel erlebten und noch immer leiden. Unser Leben ist begrenzt, verletzlich, zerbrechlich und wir haben nicht immer Einfluss auf das, was uns zustößt. Es hilft auch nicht immer, wenn eine vertraute Bezugsperson uns dies zuspricht oder gibt, denn manchmal werden solche Ermu-

---

3 Vgl. Urs Bärtschi: https://coaching-persoenlichkeitsentwicklung.ch/mensch-mag-dich-und-wie-man-gesundes-selbstvertrauen-aufbauen-kann/

tigungen als nicht ganz authentisch gedeutet. Dann schleichen sich sofort Gedanken dazwischen, die uns zuflüstern: »Der meint es doch gar nicht wirklich so! Die will dich jetzt nur trösten und sucht nach hilfreichen Worten.« Oder wir haben allgemein Mühe, solch gut gemeinten Menschenworten zu glauben und sie für uns persönlich zu nehmen.

Und doch brauchen wir Menschen ein »Verbum Externum«, d. h. ein Wort, eine Zusage, einen Zuspruch von außen und zwar von einer Dimension, die außerhalb von uns liegt. Das ist das, was den christlichen Glauben und den biblischen Wortschatz ausmacht. Ich schreibe das nicht aus voller Überzeugung, weil ich Theologin bin, sondern weil ich dies persönlich erfahren durfte – nicht nur einmal in meinem Leben, sondern mehrmals und immer wieder neu.

Achtsamkeitsübungen für den Alltag
Achtsamkeit und eine positive Einstellung sich selbst und dem Leben gegenüber helfen, die eigenen Ressourcen und Fähigkeiten zu entdecken sowie *offen* zu sein und *flexibel* zu bleiben für das, was kommt.

Praktische Übung 1:
Achte in der nächsten Zeit darauf, wie du dich in verschiedenen Alltagssituationen verhältst:

Wenn du als Autofahrerin im Stau stehst, was denkst du dann? Kannst du ruhig bleiben oder regst du dich auf, weil es nicht vorwärts geht, weil die Ungeduld immer größer wird, weil du dringend zu einem Termin musst? Ich nehme dieses Beispiel, weil ich es von mir persönlich kenne. Wie wäre es stattdessen, dankbar zu sein, dass du nicht in den Unfall involviert bist, der den Stau ausgelöst hat, oder demütig auf den »Boden« zurückzukommen, weil du nicht weißt, wovor du vielleicht gerade bewahrt wurdest?

Als Nicht-Autofahrer kannst du auch an eine Kundenschlange an der Kasse denken. Wie gehst du mit Wartezeiten um?

Wie verhältst du dich, wenn dich jemand beleidigt oder dir gegenüber überreagiert? Beziehst du diese Reaktion deines Gegenübers gleich auf dich und fühlst dich deswegen schlecht und wertlos? Oder kannst du dies von dir weisen oder prüfen und, falls etwas daran wahr ist, es für dich sachlich reflektieren?

Wie ging es dir in der Schule, wenn du eine schlechte Note bekommen hast? Hast du dich selbst schlecht gefühlt oder konntest du dies auf der Sachebene einordnen? Da vielen schon von klein auf eingeschärft wurde, dass gute Schulnoten wichtig sind, wurde schnell die Bewertung einer Prüfung auf das eigene Ich bezogen.

Nimm dir einen Augenblick lang Zeit und denke über deine persönlichen Beispiele, Themen und Erinnerungen nach. Wie bist du früher damit umgegangen? Wie gehst du heute damit um?

Diese Beispiele können bei uns einiges auslösen, aber sie zeigen vor allem, wie sehr unser Denken und Deuten unser Wohlbefinden oder die Tageslaune beeinflussen.

Praktische Übung 2:
Achte in der nächsten Zeit darauf, was du gut kannst und was dir gelingt. Schreibe es jeweils auf, bis du eine ganze Liste gesammelt hast.

Ebenso kannst du pro fünf gelungenen Fähigkeiten eine dir fehlende Fähigkeit aufschreiben und dahinter schreiben: »Ja, das kann ich nicht (gut) und das ist ok. Aber ich will kann es lernen – oder: Ich muss das auch nicht können!«

Ein-Blick in die Bibel

Es ist für mich jedes Mal neu entlastend und befreiend, wenn ich einen Blick in die Bibel werfe und entdecke, dass die Menschen damals mit ganz ähnlichen Themen zu kämpfen hatten wie wir heute. Mensch bleibt Mensch. Und auch der menschliche Charakter ist im Großen und Ganzen derselbe – heute wie damals. So begegnen uns in der Bibel Männer und Frauen, deren Selbstwert, Selbstwertgefühl und Selbstvertrauen nicht gerade groß waren.

Zu diesen Personen gehört *Hagar*, die keinen Grund hatte, sich bedeutend, wertvoll, einflussreich oder besser zu sehen. Sie war die Magd von Sarai, Abrams Ehefrau, die zunächst keine Kinder bekommen konnte. Doch als Hagar auf Wunsch von Sarai die Leihmutter für ihr Kind wird, erhebt sich Hagar über ihre Herrin, zumindest im Bereich der Schwangerschaft. Bevor Sarai sie demütigen kann, flieht Hagar in die Wüste (1. Mose 16; 21,8-21).

Und mitten in ihrer Wüste greift Gott durch seinen Engel ein. Gottes Engel findet die Geflüchtete bei einer Wasserquelle. Obwohl Hagar Gott nicht gerufen oder gesucht hat, wird sie von ihm gefunden. Gott hat sie im Auge, im Blick;

er begleitet sie. Er ist für sie da. Gott zeigt Hagar, dass sie ihm wichtig ist, dass er an ihr und ihrer Geschichte interessiert ist. Er fragt sie und hört ihr zu. Gottes Engel fragt: »Wo kommst du her und wo willst du hin?« Er lädt Hagar sozusagen zu einer Standortbestimmung ein. Er gibt ihr die Möglichkeit, ihre Geschichte ehrlich zu erzählen, ohne sie zu beschönigen, und Gott die Wahrheit ihres Lebens anzuvertrauen.

Gott weist Hagar den Weg in die Zukunft. Er zeigt ihr den nächsten Schritt, auch wenn er schwierig ist. Und Gott ist mit ihr. Er ist der »Ich bin da«[4]. Gott geht mit Hager zurück in ihren Alltag zu Abram und Sarai.

Die Magd Hagar, die als Sklavin möglicherweise die meiste Zeit ihres Lebens übersehen worden war und die sich vermutlich eher wertlos fühlte, erfährt nun existenziell, was es heißt: *Gott schaut nach mir. Gott gibt mir Ansehen. Ich habe Wert in Gottes Augen! Durch Gott bin ich eine Angesehene! Ich weiß mich nun geborgen, denn jemand schaut nach mir. Ich kann nun auch in meine schwierige Alltagssituation zurückgehen und diese ertragen, denn ich weiß, dass Gott mich wertschätzend anschaut, dass er nach mir schaut und sich um mich sorgt.* Und Hagar gibt Gott einen Namen. Sie nennt ihn »El Roi« – *du bist ein Gott des Sehens. Du bist der Gott des Schauens. Du bist ein Gott, der mich sieht! Du, Gott, siehst mich an.*

Genau dies gilt auch uns. Auch wir dürfen Gott als unseren »El Roi« kennenlernen und erfahren: Wir sind von Gott Angesehene, Angenommene und Wertgeschätzte.

Gott kennt uns. Er weiß um alles. Unser ganzes Leben ist

---

4 Wenn in der Bibel der Name HERR für Gott verwendet wird, so steht im Urtext der hebräische Name JHWH (Jachweh), der bedeutet: »Ich bin da. Ich bin, der ich bin. Ich bin mit dir. Ich bin für dich und für dich da.«

ihm vertraut – mit allem, was war; mit allem, was ist; mit allem, was sein wird. Er kennt unser Leben und unser Herz. Er nimmt uns wahr, er sieht uns an, er fragt uns, er hört uns zu, er spricht mit uns. Bei Gott bin ich eine angesehene, gefragte, angehörte und angesprochene Person.

Er schaut nach uns und fragt: *Wo kommst du her? Wo bist du? Wo willst du hin? Was ist mit dir? Sprich dich aus: Ich habe dich gesehen, ich sehe dich an und ich höre dich!*

Unter Gottes liebendem Blick dürfen wir auspacken – unsere ganze Geschichte.

Unter Gottes liebendem Blick dürfen wir weitergehen als Angesehene – in eine Zukunft, die in seinen Händen liegt.

Das Eindrückliche ist, dass Hager diejenige ist, die Gott diesen Namen gibt (1. Mose 16,13). Sie deutet ihr tief greifendes Erleben so, dass sie von nun an eine angesehene, gewürdigte, wertvolle Person ist, die von Gott begleitet wird.

Du bist El Roi – der Gott, der mich sieht, der mich ansieht, der mir Ansehen und Wert verleiht.

Auch wir dürfen uns entscheiden, Gott so zu nennen. Und diese Entscheidung wird nicht ohne Folgen bleiben. Vielleicht hilft uns dieses Gebet dabei:

Gott, du bist ein Gott, der mich sieht.
Du siehst.
Du siehst mich.
Du siehst mich an,
so wie ich wirklich bin.
Du siehst auch mein Herz,
mein Sehnen, meinen Hunger nach mehr,
meinen Durst nach Leben.

Gott, du bist ein Gott, der mich fragt,
der sich interessiert
für mich und meine Geschichte,
obwohl du sie schon kennst,
obwohl du um alles weißt.
Mein Leben ist dir vertraut.
Dennoch willst du meine Version, meine Sicht der Dinge
hören.

Gott, du bist ein Gott, der mich hört.
Du hörst.
Du hörst mich.
Du hörst mich an – mein Flehen, Klagen, Fragen, Danken …

Gott, du bist ein Gott, der mich anspricht, der mit mir redet,
der mich meint, der mich beauftragt, der mir Wegwei-
sung gibt.

Gott, du bist ein Gott, der mich sieht.
Du verleihst mir Ansehen und Würde.
Du begleitest mich mit deinem Blick, der Liebe spricht.
Dein Blick nährt und beflügelt meine Seele.
Dein Blick lässt mich leben!
Durch dich wurde ich, bin ich und werde ich.
In deinen Augen bin ich kostbar und wertvoll – wertge-
achtet.

Gott, du bist ein Gott, der mich sieht.
Du bist ein Gott, der sieht.
Du bist Gott.
Du bist MEIN Gott! AMEN

Und noch mehr:

In der Begegnung mit dem lebendigen Gott und der Hinwendung zu ihm machen zahlreiche biblische Personen eine persönliche, tief greifende Erfahrung und erleben einen Wendepunkt, der zuerst ihre Einstellung und schließlich die ganze Haltung und ihr Verhalten beeinflusst. Sie erleben schwierige Situationen, herausfordernde Umstände oder befinden sich in einer Lebenssituation, die Leiden bewirkt. Ich denke u. a. an *Lea*, die Frau Jakobs, an *Mose*, an *Gideon*, an *David* und an das kleine *Volk Israel*.

Sie alle hatten menschlich gesehen einen Grund, sich klein, unbedeutend und minderwertig zu fühlen. Doch sie erleben, dass Gott eine andere Sicht hat und sie so sieht, wie sie wirklich sind. Gott bleibt all diesen Menschen treu. Er bleibt an ihrer und auch an unserer Seite. Sein Maßstab hilft, immer wieder ins Gleichgewicht zu kommen, eine realistische Selbsteinschätzung zu bekommen und zu leben, sodass das Vertrauen und der Selbstwert gesunden können: nicht weil wir so toll wären, sondern weil Gott uns wollte und will und uns unendlich liebt.

Wenn das kein Angebot ist!

Wie antworten, wie reagieren wir auf Gottes Angebot?

Himmlische Wirk-Worte

Auch wir dürfen uns unseren Wert von Gott zusprechen lassen, der uns wollte und will und unendlich liebt. Die Bibel ist ein Buch voller Liebe. Sie spricht davon, dass wir aus Gottes guten Gedanken stammen, dass wir einmalig von ihm erdacht und erschaffen wurden, dass wir kostbar und geliebt sind. Im Folgenden finden Sie einige Zusagen Gottes, die den angegebenen Bibelstellen nachempfunden wurden. Vielleicht können Sie die Worte laut lesen oder jemanden bitten, sie Ihnen vorzulesen, sodass Sie sie zugleich hören können:

Ich kenne dich durch und durch, auch wenn du mich noch nicht kennst. Ich weiß genau, wann du am Morgen aufstehst und wann du dich schlafen legst. Alle deine Wege sind mir vertraut. (Psalm 139,1.3)

Ich habe dich nach meinem Ebenbild geschaffen. (1. Mose 1,27) Du darfst und sollst zu mir gehören. (Apostelgeschichte 17,28) Jeden einzelnen Tag deines Lebens habe ich in mein Buch geschrieben – jeden Tag, der noch nicht da war, der aber noch werden sollte. (Psalm 139,16)

Ich habe Pläne für dich und dein Leben, die voller Zukunft und Hoffnung sind. (Jeremia 29,11) Meine guten Gedanken über dich sind so zahlreich wie der Sand am Meer. (Psalm 139,17.18) Ich habe große Freude, wenn ich an dich denke, und freue mich sehr über dich! (Zefanja 3,17) Mein Zeichen über dir ist Liebe. (Hoheslied 2,4)

Wenn dein Herz verletzt und zerbrochen ist, bin ich dir nahe. (Psalm 34,19) Wie ein Hirte sein Lamm trägt, so trage ich dich nahe an meinem Herzen. (Jesaja 40,11)

Eines Tages werde ich bei dir und mit dir wohnen. Ich werde jede Träne von deinen Augen abwischen und dich trösten. Es wird dann in deinem Leben kein Leid mehr geben und ich werde alle Schmerzen deines Lebens heilen. (Offenbarung 21,3-4)

Ich habe alles für dich aufgegeben und dir alles geschenkt, weil ich deine Liebe gewinnen will. Meine Liebe zu dir ist so groß, dass niemand und nichts dich aus meiner Liebe herausreißen kann. (Römer 8,31-32.38-39)
Ich frage dich: Willst du mein Kind sein? (Johannes 1,12-13; 3,3.7)
Ich warte auf dich. (Lukas 15,11-32) Ich bin für dich und für dich da. Dies ist mein Name: JHWH! (2. Mose 3,14)

Erfahrungen mitteilen

Ich bin, die ich bin!
Mein Selbstvertrauen hat sich im Laufe meines Lebens stetig verbessert. Leider musste ich zuerst einen körperlichen und seelischen Zusammenbruch erleiden. Da ich von meiner Erziehung her »getrimmt« war, es möglichst allen recht zu machen, immer zu helfen und die eigenen Bedürfnisse zurückzustellen, geriet ich im Alter von 50 Jahren in einen Burn-out. Mit der Hilfe meines exzellenten Arztes lernte ich Achtsamkeit gegenüber mir und anderen, mich selbst mehr zu lieben, meine Bedürfnisse zu äußern und mich abzugren-

zen von Dingen, die mir nicht gut bekommen. Zu diesem Zeitpunkt musste ich mich auch von meiner Arbeitsstelle trennen, weil das Verhältnis zwischen einer Kollegin und mir trotz vieler Versuche nicht besser wurde und mein Vorgesetzter nicht in der Lage war, vermittelnd einzugreifen.

Mit einer gewissen Anzahl Lebensjahre und -erfahrung gelang es mir, mich von Menschen zu trennen, die mich als »Ablassventil« für ihre Sorgen benutzt hatten. Mit diesem Schritt habe ich andere Menschen enttäuscht, für mich war es aber eine Befreiung.

Vor einigen Jahren besuchten mein Mann und ich ein Seminar. In dieser Woche konnten wir unsere Kindheit aufarbeiten, uns mit unserer Vergangenheit auseinandersetzen und versöhnen und uns auf die noch bevorstehenden Jahre vorbereiten. Diese Woche hat viel Gutes in uns bewirkt, hat uns beiden zu einem besseren Selbstwertgefühl verholfen, uns Stabilität verliehen und uns inneren Frieden und Zufriedenheit beschert.

Fazit: Ich brauchte »fremde Hilfe« (Arzt und Seminar), um mein Selbstvertrauen und Selbstwertgefühl zu stärken, weil mir das aus der Kindheit gefehlt hat. Heute bin ich froh und dankbar, dass mich mein Weg über diese Stationen geführt hat.

Veronika M.

Seine Liebe bleibt

Ich bin in einem christlichen Elternhaus aufgewachsen und Gott spielte schon immer eine Rolle in meinem Leben. Doch erst als ich an einem Tiefpunkt war (körperliche Erschöpfung durch jahrelange chronische Schmerzen), erkannte ich, welchen Wert mir Gott bzw. Jesus tatsächlich schenkt. Lange definierte ich meinen Selbstwert, oft auch unbewusst, über Leistung. Jesus fordert keine Leistung von mir – als Erstes ist seine bedingungslose Liebe für mich da und die kann mir nichts und niemand wegnehmen. Dass ich geliebt und angenommen bin, unabhängig von Leistung und Lebenssituationen, das gibt mir den größten Selbstwert überhaupt.

Deborah Keller

Die Entscheidung

Ich wurde als erstes Kind meiner Familie geboren, zwei Jahre später kam meine Schwester zur Welt. Ich weiß, dass meine Eltern uns liebten – und immer noch lieben. Ihre Erziehung erlebte ich als streng und konsequent, doch mit viel Liebe. Weil ich schon als Kind großgewachsen war, wurde ich immer älter geschätzt. Somit waren auch die Anforderungen an mich oft hoch. Doch meine Seele und mein Herz waren hochsensibel und anders als mein Körper zierlich und schutzbedürftig. Ich wurde in eine Zeit hineingeboren, in der dieses Thema der Hochsensibilität noch keinen großen Stellenwert hatte. Meine Kindheit war geprägt von Mobbing, Ausgrenzung und Diät-Halten. Meine Schwester war ein ganz anderer Typ als ich, schlank und trainiert. Zu Hause erfuhr ich bedingungslose Liebe. Doch irgendwie schaffte ich es nicht, dies als genügend Stabilität für mein Leben zu nutzen, um ein gesundes Selbstbewusstsein und ein Selbstwertgefühl zu entwickeln. Der Hass auf meinen Körper wuchs mit jedem Lebensschritt. Ich vermied es richtiggehend, mich selbst anzusehen, und hatte Momente, in denen ich mich so sehr hasste, dass ich mich regelrecht quälte. Ich entwickelte eine Essstörung und lebte damit über zehn Jahre.

Trotz dieser Gefühle, Empfindungen und Erlebnisse war meine Beziehung zu Gott aufrichtig, stark und innig, obwohl ich mich oft fragte, wie ich das mit meinem Selbsthass vereinbaren konnte.

Ein langer Weg der Arbeit und Herausforderung wartete auf mich, als ich mich entschied, gesund zu werden. Meine Familie, meine Freundin, Gebete und eine Psychologin begleiteten mich auf diesem Weg. Hoffnung, Erfolg, Rückschläge und Enttäuschungen säumten Schritt für Schritt diesen Weg. Mit Gott über meine Gefühle, Gedanken und Empfindungen zu sprechen – all dies half mir zu einem Moment im Leben, den ich nie vergessen werde. Es war der Moment, als ich mich im Spiegel betrachten konnte: *Ich, Natascha, so wie ich wirklich bin – körperlich richtig, mit vielen wunderschönen Details und mit anderen Stellen, die mir nicht so gefallen, die aber da sind. Und es ist einfach okay, dass sie da sind.* Das Gefühl, nicht mehr hilflos den negativen Gefühlen über mich selbst ausgeliefert zu sein, ist für mich noch heute unbeschreiblich.

Würde ich sagen, dass ich heute gesund bin, ein starkes Selbstwertgefühl besitze und es mir keine Probleme mehr bereitet? Nein, das wäre gelogen. Es ist wie bei einem Alkoholkranken: Man ist nicht mehr süchtig nach Alkohol, doch es wird immer ein Punkt im Leben sein, der besondere Achtsamkeit verlangt. So auch bei mir. Ich brauche nicht mehr mein Essen verweigern oder ausspucken. Aber ich bleibe achtsam gegenüber mir und meinen Gefühlen, meinem Körper, meiner Seele, meinem Herzen. Ich erinnere mich oft be-

wusst daran, dass ich eine Verantwortung meinem Körper
gegenüber habe. Es ist aber nicht nur mein Körper, der mich
ausmacht und mich zu dem Menschen macht, der ich bin.
Ich habe ein Herz und eine Seele, die ebenso wichtig sind.
Ich bin dankbar, dass ich leben darf und so bin, wie ich bin.

Natascha

Mit Gott im Gespräch

Stell dir vor, es ist Sprechstunde bei Gott und du gehst hin.
Du trittst ein.
Ein warmes, angenehmes Licht heißt dich willkommen,
lädt dich ein, Platz zu nehmen.
Das tut gut.

Du gehst gerne in die Sprechstunde zu Gott,
denn hier darfst du alles sagen und fragen, was dir auf dem
Herzen liegt.
Hier darfst du reden oder schweigen, klagen oder auch anklagen,
zweifeln und glauben, lachen oder weinen.
Hier darfst du du selber sein – so wie du bist, so wie dir zu-
mute ist.

Gott kommt zu dir, sieht dich an.
Mit einem Blick nimmt er dich wahr. Er weiß, wie es dir geht.
Dennoch fragt er nach: *»Was ist mit dir?«*

»Das Leben überfordert mich. Ich traue mir nicht viel zu.
Ich fühle mich so wertlos, unfähig und schwach.
Ständig habe ich das Gefühl zu versagen.«
Ja, so fühlst du dich wirklich.
Nicht erst heute, sondern solange du dich zurückerinnern
kannst.
Dieses dunkle Gefühl begleitet dich dein Leben lang.

»Und was wünschst du dir?«, will Gott wissen.
Er ist an dir und deinem Ergehen interessiert
und er fragt dich nach deiner Sehnsucht.

»Dass mich jemand liebt und für mich da ist,
dass ich mich wertvoll fühle, dass ich genüge ...
Dass tief in mir drin die Überzeugung wohnt, liebenswert
zu sein ...
Sprich doch *ein* Wort, so wird meine Seele gesund!⁵«

Du kannst nicht mehr weiterreden.
Deine Tränen erzählen den Rest.
Doch Gott versteht auch deine Tränenworte.
Er sitzt bei dir und wartet, bis alle Tränen geweint sind.
Und du sitzt bei ihm und wartest voller Sehnsucht auf sein
Wort.⁶

---

5 Matthäus 8,8 LUT: »Der Hauptmann sprach zu Jesus: Herr ..., sprich nur
ein Wort, so wird mein Knecht gesund.«
6 Psalm 130,5-7 LUT: »Ich harre des HERRN, meine Seele harret und ich
hoffe auf sein Wort. Meine Seele wartet auf den Herrn mehr als die Wächter
auf den Morgen ... Denn bei dem HERRN ist die Gnade und viel Erlösung
bei ihm.«

Dann legt Gott dir seine Hand aufs Herz,
berührt deine dürstende Seele
und spricht ein Wort – sein Wort für dich:
»Du bist mein geliebtes Kind!«
Das Wort fällt in dein Herz,
es sickert in alle Zellen, auch in die hinterste,
es durchflutet deine Gedanken und Gefühle.
Du glaubst seinem Wort.

»Steh auf, mein Kind!«, lädt Gott dich ein.
Du stehst auf, ahnungslos. Was soll das werden?
Da siehst du eine Krone in Gottes Hand –
ein königliches Diadem in der Hand deines Gottes.[7]
Und du hörst: *»So wertvoll – und noch viel mehr – bist du für mich!«*
Gott setzt diese Krone auf dein Haupt,
krönt dich mit Würde und Wert.
Du – sein Königskind, für immer!

Von nun an wird dich ein neues Gefühl begleiten.
Wertvoll und beschenkt fühlst du dich und du entscheidest:
So soll es bleiben!

Dann gehst du in ein anderes Heute, dem Morgen entgegen.

---

7 Jesaja 62,3 LUT: »Du wirst sein eine schöne Krone in der Hand des HERRN und ein königlicher Reif in der Hand deines Gottes.«

ANgeDACHT

Hab keine Angst, denn ich habe dich erlöst! Ich habe dich bei deinem Namen gerufen, du gehörst zu mir. Du bist kostbar und wertvoll in meinen Augen und ich habe dich lieb! (nach Jesaja 43,1.4)

Dieser Zuspruch Gottes an sein Volk Israel steht in dem Abschnitt des Propheten Jesaja, der als »Trostbuch von der Erlösung Israels« bezeichnet wird (Jesaja 40-55). Dieses Trostbuch ist für die Zeit geschrieben, in der sich Gottes Volk in der Verbannung befindet und eine Leidenszeit in der Fremde erlebt. Mit diesen Trostworten sollen die Verschleppten ermutigt, wieder aufgerichtet und in ihnen neue Hoffnung auf eine Rückkehr in die Heimat geweckt werden. Strafe und Gericht sind schon angekündigt und die Stämme des Nordreichs wurden schon oder werden gerade nach Assyrien deportiert.

Das Volk Israel war alles andere als widerstandsfähig während der Verbannung, was durchaus verständlich ist. So manche Träne wurde geweint und das Heimweh nagte an den Nerven und Kräften. Der Selbstwert war am Boden und das Vertrauen ließ zu wünschen übrig – sowohl das Selbstvertrauen als auch das Vertrauen in Gott.

Was konnte helfen?

Die Menschen im Exil versuchten, sich an die guten Zeiten zu erinnern, doch die Sehnsucht wurde dadurch nur noch größer. Sich selbst oder einander Mut zuzusprechen, wirkte auch nur begrenzt. Es brauchte den Zuspruch von außen, durch einen Größeren, durch einen, der mehr wusste und der mehr Möglichkeiten hatte.

Gott sprach vor und nach der Deportation und auch während des Exils immer wieder durch seine Propheten. Diese erinnerten die Menschen an Gottes Willen, Gottes Werte und Gottes Wort – oft vergeblich.

In der Verbannung wirkten die Propheten als Ermutiger oder Übermittler von Trost und Zuversicht durch Gott. So weckten sie in den Menschen neue Hoffnung auf eine bessere Zukunft und Heimkehr und das Vertrauen in Gott wurde gestärkt. Diese Trostworte Gottes richteten die entmutigten und verzweifelten Menschen wieder auf und ließen sie ahnen, dass Gott sie nicht vergessen hatte, sondern dass sie ihm noch immer wichtig waren.

Was lässt nun Gott durch den Propheten Jesaja seinem Volk sagen?

Und nun spricht der HERR, der dich geschaffen hat, Jakob, und dich gemacht hat, Israel: Fürchte dich nicht, denn ich habe dich erlöst; ich habe dich bei deinem Namen gerufen; du bist mein! Wenn du durch Wasser gehst, will ich bei dir sein, und wenn du durch Ströme gehst, sollen sie dich nicht ersäufen. Wenn du ins Feuer gehst, wirst du nicht brennen und die Flamme wird dich nicht versengen. Denn ich bin der HERR, dein Gott, der Heilige Israels, dein Heiland. Ich gebe Ägypten für dich als Lösegeld, Kusch und Seba an deiner statt. Weil du teuer bist in meinen Augen und herrlich und weil ich dich lieb habe, gebe ich Menschen an deiner statt und Völker für dein Leben. (Jesaja 43,1-4 LUT)

Gott spricht sein Volk an – doch die persönliche Anrede mit Namen (Jakob und Israel) zeigt, dass Gott auch den Einzelnen meint: *Ja, auch du bist gemeint!*

Von dem, was Gott dem Volk und dem »du« im Text zuspricht, möchte ich einzelne Aussagen besonders hervorheben – Aussagen, die auch uns in schwierigen Zeiten helfen können, die Hoffnung und das Vertrauen zu bewahren:

Fürchte dich nicht! So lautet der erste Zuspruch. Hab keine Angst. Lass dich nicht in Furcht versetzen, auch wenn es genügend Gründe gibt, Angst zu haben und dich von den widrigen Umständen niederdrücken zu lassen. Doch es gibt einen Grund, warum du dich nicht fürchten musst: *Ich,* der HERR, *habe dich erlöst!*

Gott sagt: *Ich habe dich ausgelöst, zurückgekauft.* Ich habe dich befreit aus der Enge, Knechtschaft, Gefangenschaft. Das Volk Israel wird hier an die Befreiung aus Ägypten erinnert und an Gottes Bewahrung und Begleitung während der ganzen Wüstenwanderung bis ins gelobte Land.

Gott sagt: *Ich habe dich bei deinem Namen gerufen.* Ich kenne dich mit Namen.[8] Ich weiß, wer du bist und wie du dich selbst siehst. Ich lade dich ein in die Beziehung mit mir. Ich rufe dich zu mir, in die Gemeinschaft mit mir.

Gott spricht weiter: *Ja, du bist mein! Du gehörst mir!* Dein Platz ist bei mir, hier gehörst du hin: in meine Familie. Wie wirkt diese Einladung auf dich? In uns Menschen wohnt die Sehnsucht nach einem Ort, an den wir gehören, an dem wir willkommen, angenommen, wertgeschätzt und geliebt sind. Wir haben zutiefst Heimweh nach diesem Ort und sind unser Leben lang auf der Suche danach. Wohin gehörst du?

Gott macht noch weitere Zusagen: *In meinen Augen bist du teuer und herrlich und ich habe dich lieb!*

Egal, wie ich mich selbst sehe, wer ich in meinen eigenen Augen bin – letztendlich zählen Gottes Sicht, Gottes Gedanken, Gottes Worte über mich. Und er sagt: *Du bist in meinen*

---

8 2. Mose 33,12.17; 2. Timotheus 2,19

Augen kostbar, wertvoll, edel. Ich sehe dich so, wie du wirklich bist: Du bist in meinen Augen wichtig, herrlich und angesehen. Ja, ich sehe dich an und verleihe dir Ansehen. Ich habe dich gern. Ich liebe dich. Ich bin dein Freund, dein Liebhaber!

Gott spricht uns unseren Wert zu und stärkt unser Vertrauen. Seine kostbaren Zusagen wollen uns auf unserem Weg zu innerer Stabilität begleiten.

Gebet

Auch wenn ich wanke,
an mir selber zweifle,
an mir selbst verzweifle – und an dir.

Auch wenn ich
den Halt verliere,
wenn ich
versinke im Sumpf
von Problemen und Versagen,
mich verbanne und ausgrenze.

DU
Gott
hältst mich,
trägst,
sprichst
ein Wort des Trostes

und der Hoffnung
von Zukunft und Sinn.

Hab keine Angst!
sprichst du meiner Seele zu.
Du bist kostbar!
Du bist wertvoll!
Du bist mein!

Mein Herz horcht auf
und fasst Vertrauen,
es nimmt dich beim Wort.

JA
Ich bin wert!
Ich bin dein!

AMEN

Kapitel 2

Trotzdem und dennoch hoffen

T wie trotzdem hoffen; trotz allem das Gute sehen und
dennoch darauf ausgerichtet bleiben

Wie können wir in Krisen, Herausforderungen, Schwierigkeiten, Problemen die Hoffnung bewahren? Wie ist es möglich, **t**rotzdem zu hoffen und durchzuhalten? Wie kann ein
leidender Mensch **t**rotz allem noch das Gute sehen und dennoch darauf ausgerichtet bleiben?

Ich behaupte: Wir sind von Gutem umgeben. Die Kunst
ist, dies zu sehen, dies entdecken zu wollen und wahrzunehmen. Dazu braucht es wiederum *Achtsamkeit* für das Umfeld
und auch für die eigene Biografie, denn auch der Blick zurück
kann uns Möglichkeiten aufzeigen, was uns im Leben schon
an Gutem begegnet ist, was uns früher geholfen hat und wie
es uns heute wieder helfen kann. Das Gute im Blick zu haben
und zu behalten, macht dankbar, stärkt, ermutigt und bewirkt Zufriedenheit. Damit verbunden ist die Hoffnung und
das Vertrauen, dass die Zukunft auch wieder besser wird.
Und diese Grundhaltung gibt Kraft, setzt Energien frei, öffnet Türen und neue Gedankengänge.

Dennoch möchte ich noch einmal darauf hinweisen, dass auch medizinische und psychologische Hilfe wichtig ist. Das Gute zu sehen und trotzdem zu hoffen, ist das eine; professionelle Unterstützung in Anspruch nehmen, ist das andere, das in manchen Lebenssituationen unbedingt erforderlich ist.

Wir sind in unserem Leben von Gutem umgeben!

Wie wäre es, wenn du dir einen Moment Zeit nimmst, um achtsam auf dein Leben zurückzuschauen?

Welche guten Erlebnisse sind dir noch vor Augen? Welche vertrauenswürdigen, liebevollen Menschen haben dich im Leben begleitet, sind dir begegnet? Welche hast du als wohltuend und angenehm in Erinnerung?

Welche guten Vorbilder haben dich geprägt? Was konntest du von ihnen lernen?

Welche ermutigenden, wertschätzenden Sätze über dich selbst sind dir geblieben, die dir jemand zugesprochen hat?

Wenn du in Gedanken durch deine Kindheit, Jugend, Erwachsenenzeit reist, was kommt dir Positives und Schönes in den Sinn?

Was hast du in deinem Leben gelernt an Fähigkeiten, Fertigkeiten, Wissen? Welche Erfahrungen konntest du machen und daran reifen?

Wie steht es um deine Gesundheit? Was war dir bis jetzt alles möglich? Was war dir vielleicht trotz Einschränkungen, Krankheiten, Schmerzen, Behinderung dennoch möglich?

Wie ist deine Lebensqualität? Wer in europäischen Ländern leben darf, hat vermutlich Essen und Trinken, Kleider, ein Dach über dem Kopf. Was hast du sonst noch? Welche Freizeitbeschäftigungen, Hobbys, Sport, kulturelle Aktivitäten kannst du pflegen und genießen?

Schau in die Natur: Beobachte die Pflanzen und Tiere, die

Jahreszeiten, die Tageszeiten, das unterschiedliche Wetter
... was siehst du? Was fällt dir auf? Warum nicht einmal mit
einem Fotoapparat oder dem Handy unterwegs sein und diese Wunderwerke der Schöpfung »festhalten«?

Wie wäre es, all das Gute aufzuschreiben und in einem
Buch zu sammeln, um es in schwierigen Zeiten wieder nachzulesen und sich bewusst daran zu erinnern?

Nimm dir auch einen Moment Zeit, um darüber nachzu-
denken, welche Schwierigkeiten du schon in deinem Leben
erfahren und bewältigt hast. Wie bist du mit diesen Widrigkeiten, Erfahrungen, Problemen, Krisen umgegangen? Wer
oder was hat dir in dieser Zeit geholfen? Und warum?

In schwierigen Zeiten in unserem Leben haben wir bereits
gelernt, mit verschiedenen Herausforderungen umzugehen,
und haben uns auf diese Weise Fähigkeiten und Stärken
angeeignet, um das Leben zu meistern. Das eine oder andere,
was uns früher geholfen hat, kann uns auch heute wieder
helfen. Wir können aber auch neue Ressourcen entdecken
und Fertigkeiten lernen.

Darum ist es so wertvoll, sich immer wieder an das Vergangene zu erinnern – sowohl an das Gute und Schöne, aber
auch an das Herausfordernde und Schwierige und wie wir es
durchgehalten oder bewältigt haben.

Auf das Gute und Schöne und somit auf diesen Lebens-
schatz dürfen wir dankbar zurückblicken, denn Dankbarkeit macht zufrieden. Wenn wir diese Haltung einnehmen,
dass uns schon viel Positives in unserem Leben begegnet ist,
dass nach Schicksalsschlägen immer wieder Lichtblicke am
Horizont auftauchten, dann können wir darauf hoffen und
vertrauen, dass wir in Zukunft auch weiterhin Gutes erleben
werden.

Diese Einstellung ermutigt, stärkt und macht frei für Neues. Wenn wir dies nicht glauben können oder wollen und beständig in der Negativspirale unseres Schicksals hängen bleiben, dann raubt dies all unsere Kraft, Nerven, Motivation und Hoffnung.

Eine positive Grundhaltung inklusive Humor sind wertvolle Ressourcen, die zu einer zuversichtlichen Grundhaltung beitragen, welche sich nicht so schnell unterkriegen lässt, sondern dennoch weiterhofft. Leider kann ich nicht gut Witze erzählen, zumindest nicht so, dass andere lachen müssen. Allerdings liebe ich Situationskomik und es macht mir Freude, andere mit trockenen Bemerkungen oder humorvollen Interventionen zum Lachen zu bringen. Das gemeinsame Lachen – auch das Lachen über mich selbst – erlebe ich als entlastend, entspannend und wohltuend, denn es bringt eine völlig andere Perspektive in eine zu ernst genommene Situation und Haltung.

Es geht hier jedoch auf keinen Fall darum, andere zu verletzen oder pietätlos mit der Trauer oder den Gefühlen anderer zu spielen, sondern die kleinen, nervigen Alltagssituationen und sich selbst darin mit einem zwinkernden Auge zu betrachten.

Wie aber können wir in Krisen, Herausforderungen, Schwierigkeiten, Problemen die Zuversicht bewahren? Wie ist es möglich, **t**rotzdem zu hoffen und durchzuhalten? Wie kann ein leidender Mensch **t**rotz allem noch das Gute sehen und dennoch darauf ausgerichtet bleiben?

Ein-Blick in die Bibel

Die Bibel berichtet keine Theorien, sondern erzählt von Menschen, welche die Tiefen und Täler des Lebens durchlitten, aber dennoch den Glauben nicht verloren haben. Durch den Glauben haben Menschen »Unmenschliches« ausgehalten, ertragen. Durch den Glauben haben sie dennoch die Hoffnung nicht aufgegeben!

Für das Wort »dennoch« gibt es keinen spezifischen hebräischen oder griechischen Begriff in der Bibel, auch wenn manche Bibelübersetzungen hin und wieder ein »Dennoch« einbauen.

»Dennoch« ist also kein theoretischer Begriff, sondern gelebte Hoffnung, gelebter Glaube, keine Theorie, sondern Praxis: ein Lebensstil. Diesen finden wir bei zahlreichen Männern und Frauen im Alten und im Neuen Testament. Es sind Menschen, die am Vertrauen auf Gott festgehalten haben, obwohl alles dagegensprach, die hofften, obwohl es nichts mehr zu hoffen gab. Diese Menschen erinnerten sich immer wieder an das Gute, das Gott ihnen schon geschenkt hatte, und das Erinnern bewahrte sie vor dem Vergessen: *Lobe den HERRN, meine Seele, und vergiss nicht, was er dir Gutes getan hat.* (Psalm 103,2 LUT)

Immer wieder hielten Menschen trotz allem an Gott fest und vertrauten ihm: trotz Spott und Hohn, trotz Todesangst, trotz Verzweiflung und Tiefs, trotz Leid und Not. Sie gaben die Hoffnung dennoch nicht auf.

Hebräer 11 erwähnt eine ganze Reihe von Männern und

Frauen, die durch den Glauben an der Hoffnung festgehalten haben, die dennoch Gott vertraut haben, auch wenn alles dagegengesprochen hat. Dieses besondere Kapitel will uns Mut machen, ebenso auf dem Fundament des Glaubens an Jesus Christus unser Lebenshaus zu bauen. All diese Glaubenshelden bzw. Vorbilder im Glauben haben die Erfahrung gemacht, dass sie nicht tiefer fallen können als in Gottes Hand. Das hat sie durchgetragen, sogar durch grausames Leid und Tod. Es lohnt sich, dieses Kapitel einmal in Ruhe durchzulesen und auf sich wirken zu lassen.

Das Besondere an diesen Frauen und Männern ist, dass sie keine Superhelden waren, sondern Menschen, die ihre Probleme und Schwachstellen hatten, die aber dennoch mit Gott unterwegs blieben. Jede und jeder von ihnen erlebte einen entscheidenden Moment, in dem er oder sie sich Gott ganz und gar anvertraute. Und dieser entscheidende Moment geschah, als diese Menschen Gott als den erkannten, der ihr Leben in der Hand hatte, der sie versorgte, führte, begleitete – als Gott des Lebens, der absolut treu und zuverlässig ist und der hält, was er verspricht. Und so vertrauten sie diesem Gott allen Widrigkeiten zum Trotz, so hielten sie dennoch an ihm fest – im Leben und im Sterben.

Auch das muss mir zum Heil sein ...
Zum Thema Umgang mit Schwierigkeiten, Krisen, Leid und einem entschiedenen und gelebten *Dennoch* kommt uns vermutlich vor allem die Leidensgestalt Hiob in den Sinn.

Was mich in Bezug auf Hiob immer wieder beschäftigt, ist neben der Frage, warum Gott dieses Leiden im Leben Hiobs zugelassen hat, fast noch mehr die Frage: Warum konnte

Hiob sein Schicksal so ertragen und durchstehen? Was hat ihm geholfen, Gott nicht abzusagen, wie es ihm seine Frau riet, sondern dennoch an Gott festzuhalten?

Menschlich gesehen ist das Leid, das Hiob trifft, unzumutbar und untragbar. Sofort würde bei uns die Frage auftauchen: *Wie kann Gott das zulassen?*, wenn wir nicht hinter die Kulissen sehen könnten und wüssten, dass es hier um eine »Abmachung« zwischen Satan und Gott geht.

Hiob verliert – als Satan zum ersten Mal zuschlagen darf – seinen gesamten Besitz und alle seine Kinder. Aber Hiob scheint nicht daran zu verzweifeln. Zwar trauert er nach altorientalischer Sitte, indem er seine Kleider zerreißt und seine Haare abschert, doch wendet er sich in seinem Schmerz an Gott. Er bekennt im Bewusstsein der Vergänglichkeit des Lebens: *Der Herr hat's gegeben, der Herr hat's genommen; der Name des Herrn sei gelobt.«* (Hiob 1,21 LUT) Wer von uns könnte das so von Herzen sagen? Ich stolpere immer wieder über diese Worte, weil sie mir so unnormal in solchem Leid vorkommen. Doch andererseits zeugen sie von einem bedingungslosen, kindlichen Vertrauen in Gott, das sowohl Leben als auch Tod aus Gottes Hand nimmt und das ein volles JA zu Gottes Wegen findet. Äußerlich ist Hiob wirklich ruiniert und von der Zukunft hätte er eigentlich nichts mehr zu erwarten, da mit seinen Kindern auch seine Altersversorgung »gestorben« ist.

Aber schon kommt die zweite Prüfung, die Gott zulässt: schrecklich juckende Geschwüre, die Hiobs Körper Tag und Nacht plagen. Hiob ist am Ende. Vom reichsten, glücklichsten und großherzigsten Mann ist er innerhalb kürzester Zeit zum Häufchen Elend und Abschaum der Gesellschaft geworden.

Jetzt tritt endlich seine Frau auf die Bühne und gibt ihm

noch den letzten – vielleicht schwersten – Schlag: Sie rät ihm, seinen Glauben an Gott aufzugeben, Gott abzusagen und zu sterben. Hiobs zweite Reaktion auf sein Leid und auf die Antwort seiner Frau ist mir ein weiteres Rätsel, ruft in mir jedoch eine tiefe Achtung hervor und den Wunsch, selbst so auf Gott ausgerichtet reagieren zu können: »*Haben wir Gutes empfangen von Gott und sollten das Böse nicht auch annehmen?*« (Hiob 2,10 LUT)

Beim Lesen fällt mir auf, dass immer wieder zwischen dem äußeren und dem inneren Menschen unterschieden wird. Obwohl der äußere Mensch so geplagt und zermürbt wird, klammert sich der innere Mensch trotzdem – oder erst recht – an Gott. Wird dieser ihm helfen?

Wenn Hiobs sogenannten »Freunde« mit ihren »Lebensweisheiten« an mein Krankenlager gekommen wären, hätte ich sie wohl schon nach der ersten frommen Bemerkung davongejagt. Vielleicht kann Hiob sie ertragen, weil sie erst einmal angesichts seines Leides vor Schmerz und Trauer sieben Tage und Nächte lang keine Worte finden und einfach mit ihrem Freund schweigen. Doch wahrscheinlich legt sich jeder von ihnen in dieser Zeit seine Predigt bzw. eine Botschaft zurecht, die er Hiob mitteilen will. Alle vier meinen zu erkennen, dass Hiob schuldig ist, und maßen sich an zu wissen, dass Gott nur die Schuldigen heimsucht und bestraft. Unschuldige Kranke gibt es ihrer Überzeugung nach keine. Die vier »Freunde« sehen in Gott einen strafenden Richter und in Hiob einen Sünder, der dieses schwere Leid verdient hat. Als Hiob auf seine Unschuld verweist, stoßen sie sich an seinem »Stolz« und machen ihm klar, dass kein Mensch vor Gott gerecht sein kann (Hiob 25,4) – eine richtige Erkenntnis, doch in Hiobs Situation völlig fehl am Platz.

Trotz allem macht Hiob immer wieder fundamentale Aussagen, die von seinem großen inneren Dennoch zeugen: *»Auch das muss mir zum Heil sein.«* (Hiob 13,16 LUT) – *»Siehe, auch jetzt noch ist mein Zeuge im Himmel und mein Fürsprecher ist in der Höhe ... Unter Tränen blickt mein Auge zu Gott auf, dass er Recht verschaffe dem Mann bei Gott, dem Menschen vor seinem Freund.«* (Hiob 16,19-21 LUT)

Mit den Vorwürfen an Hiob durch seine »Freunde« geht es bei dem Leidenden eine Schicht tiefer: an sein Innenleben. Sicherlich schmerzen die Anklagen zum Teil mehr als die Geschwüre. Hiob braucht keine neunmalklugen Reden, sondern mitfühlende Freunde, die ihm beistehen und das Leid und ihn selbst aushalten.

Darum wendet sich Hiob in seinem Schmerz und in seiner Verzweiflung schließlich direkt an Gott und klagt ihm sein Leid (Hiob 3). Er stellt ihm sogar die Frage, die uns bis heute beschäftigt: *Warum?* (V. 11.12.20) – doch Gott schweigt.

Als Hiob wohl am tiefsten Punkt seines Lebens und auch seiner Beziehung zu Gott angelangt ist, ergreift ihn eine tiefe Ahnung, Hoffnung, ja sogar Gewissheit, die er folgendermaßen ausdrückt: *»Aber ich weiß, dass mein Erlöser lebt ... Nachdem meine Haut noch so zerschlagen ist, werde ich doch ohne mein Fleisch Gott sehen. Ich selbst werde ihn sehen, meine Augen werden ihn schauen ... Danach sehnt sich mein Herz in meiner Brust.«* (Hiob 19,25-27 LUT) Hier zerbricht wohl Hiobs »alter Mensch«, denn er erkennt, dass er einen Erlöser braucht und dass es diesen Erlöser gibt.

Schließlich wendet sich Hiob noch einmal direkt an Gott und klagt ihm sein Leid (Hiob 29-31) und endlich gibt Gott dem verzweifelten Hiob Seine Antwort: sich selbst! Gott offenbart Hiob seine Allmacht (38,1-41,26), sodass alle Äußerlichkeiten, körperlichen und psychischen Qualen daneben ganz klein werden. Diese Antwort von Gott geht Hiob durch Mark und Bein und Hiob verstummt. Keine einzige Antwort seiner Freunde half ihm, aber die Antwort Gottes genügt ihm, wie hart sie auch ist.

Hiob erklärt sich mit Gott einverstanden und akzeptiert. Er weiß nun, dass auch seine Warum-Fragen bei Gott aufgehoben sind, und er erkennt, dass Gott größer ist und größer bleibt. Indem er nicht mehr dagegen kämpft, sondern sich wie ein Kind in Gottes Hand fallen lässt, wird er zum überzeugenden Glaubensvorbild.

Hiob erkennt nicht nur, wie Gott ist (Gottes Herrlichkeit), sondern er erkennt auch sich selbst (als Sünder) und bekennt: »*Ich hatte von dir nur vom Hörensagen vernommen; aber nun hat mein Auge dich gesehen. Darum gebe ich auf und bereue in Staub und Asche.*« (Hiob 42,5-6 LUT)

Weil Hiob seine Selbstgerechtigkeit Gott gegenüber aufgibt, spricht ihn Gott gerecht und beschenkt ihn innerlich und äußerlich ganz neu.

Was ist der Grund, warum Hiob im Leiden nicht verbittert ist?

Im Leid hat Hiob dennoch an Gott festgehalten.

Er hat Gott gesucht – und gefunden. Oder: Gott hat sich finden lassen.

Himmlische Wirk-Worte

Gott ist für uns Zuflucht und Schutz,
in Zeiten der Not schenkt er uns seine Hilfe mehr als genug.
Darum fürchten wir uns nicht,
wenn auch die Erde bebt und wankt und die Berge mitten ins
Meer sinken,
wenn auch seine Wellen brausen und tosen
und die Berge erbeben von seiner gewaltigen Kraft. (Psalm
46,2-4 NGÜ)

Es ist ein köstlich Ding, dass euer Herz fest werde, welches
geschieht durch Gnade. (Hebräer 13,9 LUT)

Der Herr hat zu mir gesagt: »Meine Gnade ist alles, was du
brauchst, denn meine Kraft kommt gerade in der Schwach-
heit zur vollen Auswirkung.« Daher will ich nun mit größter
Freude und mehr als alles andere meine Schwachheiten rüh-
men, weil dann die Kraft von Christus in mir wohnt. (2. Ko-
rinther 12,9 NGÜ)

Nichts ist mir unmöglich, weil der, der bei mir ist, mich stark
macht. (Philipper 4,13 NGÜ)

Das geknickte Rohr wird er nicht zerbrechen und den glim-
menden Docht wird er nicht auslöschen. In Treue trägt er das
Recht hinaus. (Jesaja 42,3 LUT)

Zwar bleiben auch dem, der sich zu Gott hält, Schmerz und Leid nicht erspart; doch aus allem befreit ihn der HERR! (Psalm 34,20 HFA)

Erfahrungen mitteilen

Ein beständiger Lernprozess
Hoffen, das ist eine Gabe, die mich seit der Kindheit begleitet, wahrscheinlich habe ich das von meinen Eltern gelernt. Sie mussten auf vieles verzichten, waren aber zufrieden mit dem, was sie hatten. Oft hörte ich von ihnen, dass man die Hoffnung nicht aufgeben solle. Das hat sich in meinem Leben immer wieder bewährt: Ich glaube an das Gute und versuche, wenn möglich, positiv zu denken. Immer gelingt das nicht, aber ich habe schon viele schöne positive Erfahrungen gemacht. In Zeiten, als unsere Kinder in der Schule waren und später dann mit Lehrstellensuche, Studium, Berufswahl etc. beschäftigt waren, war mir mein Optimismus eine große Stütze. Auch zum jetzigen Zeitpunkt, da sich unsere Kinder und ihre Ehepartner Kinder wünschen, hoffe und bete ich jeden Tag, dass ihr Wunsch in Erfüllung gehen möge.

Achtsamkeit ist meines Erachtens ein ständiger Lernprozess. Achtsamkeit beginnt bei sich selber. Man muss lernen, sich selber zu spüren. Achtsamkeit geht nur über Ruhe und Stille respektive die Konzentration auf das, was gerade ist, auf das Hier und Jetzt. Es fällt mir am leichtesten, in der Natur draußen achtsam zu sein.

Humor liebe ich – ich lache gerne! Für mich hat Lachen eine erlösende Wirkung, denn es befreit. Ein Lächeln kann sehr viel bewirken.

Veronika M.

Auch wenn ich im dunklen Loch sitze …
Solange ich nicht in einer tiefen Depression bin, genieße ich die Schönheit der Natur, sogar bei Regen oder Nebel. Ich freue mich über ansprechende Predigten, über Musik, über Texte, die von Gottes Treue, seiner Gnade, seiner Liebe, seinen Verheißungen sprechen. Die Depression macht alles dunkel und hoffnungslos. Heute kann ich meistens frühzeitig um Hilfe bitten, um nicht mehr so tief zu fallen. Aber auch, wenn ich im dunklen Loch sitze, weiß ich: Es geht wieder aufwärts, denn bis jetzt ging es immer wieder ins Licht zurück. Und wenn ich Gott vertraue, dann habe ich die größte Stärke, denn auch ins tiefste Loch, in die schwärzeste Dunkelheit scheint sein Licht. Ja, Jesus ist mein Licht auf meinem Weg. Er ist das Licht der Welt und er hat versprochen, dass er den glimmenden Docht nicht auslöscht. Er stellt mir liebe Menschen zur Seite, die für mich beten, mit mir reden und die mich immer wieder auf Jesus hinweisen, auch wenn ich glaube, ihn verloren zu haben. Denn das habe ich nie, selbst wenn mein Gefühl mir vorgaukelt, allein zu sein. In Wirklichkeit ist Jesus direkt neben mir und begleitet mich, auch wenn meine Gefühle und Gedanken durcheinander sind.

Wenn ich zur Ruhe komme, in die Stille gehe und wirklich auf mich höre, dann bin ich mir gegenüber achtsam. Aber auch, wenn ich statt Ja Nein sage, weil ich merke, es würde mir sonst zu viel. Es hilft mir auch, auf meinen Körper zu hören, das körperliche Empfinden nicht einfach zu unterdrücken, sondern mich zu fragen, woher die Schmerzen kommen oder was ich tun kann, um diese zu mildern.

Es gibt wunderbare christliche Bücher, die mir helfen. Auf diese Weise kann ich mich noch einmal neu mit meinen Problemen auseinandersetzen, weil ich merke, dass es andere Wege gibt, die ich ausprobieren kann.

Auch Humor tut mir gut. Wenn ich etwas und mich selbst nicht so ernst nehme, wie ich es sonst machen würde, hilft es mir, mich für einen Moment nicht in die Traurigkeit zurückzuziehen, sondern darüber zu lachen, um wieder klarer zu denken, um von außen zu schauen. Humor hilft mir, den negativen Gedanken zu entfliehen. Lachen entspannt.

Monika

Was mir hilft

Ich lebe seit über zehn Jahren mit chronischen Kopfschmerzen, die mich in meinem Alltag immer wieder einschränken. Im Laufe der Jahre habe ich viel durchgemacht und irgendwann war ich an meinem Tiefpunkt angelangt: völlig erschöpft, verzweifelt, deprimiert und hoffnungslos. Wie sollte ich so weiterleben? In dieser Zeit habe ich vieles gelernt, was mir hilft, mit der Situation umzugehen:

- *Beten und Anbeten:* Jederzeit, jede Stunde, jede Minute bei Gott ein offenes Ohr zu finden, das war meine Rettung. Zu wissen, dass ich ihm alles sagen darf, auch einfach weinen und klagen, auch schweigen und einfach da sein. Er sieht mich, hört mich und nimmt mich an. Gott anzubeten, braucht manchmal eine Entscheidung. Mir half dabei der Satz: »Gott sucht Menschen, die ihm vertrauen, auch wenn sie vieles nicht verstehen.« Ich entschied mich für das Vertrauen und Gott veränderte mein Herz. Es tut gut, Gott anzubeten, denn er verdient Anbetung für das, was er ist.

- *Dankbarkeit:* Lange sah ich nur, was alles nicht mehr möglich ist. Alles war negativ. Aber es gibt in jedem Leben Grund zu danken, man muss es nur sehen lernen. Es ist ein Prozess und eine tägliche Entscheidung, dankbar zu sein – aber es lohnt sich.

- *Bewegung und frische Luft:* Bewegung tut gut, besonders an der frischen Luft. Ich bin sehr gerne im Wald. Da bin ich mitten in Gottes Schöpfung und sehe immer wieder etwas, das mich fasziniert und in Dank einstimmen lässt.

- *Hilfe annehmen:* Es war für mich schwierig, Hilfe anzunehmen. Doch es war wunderbar zu erleben, wie Gott mir Menschen zur Seite gestellt hat, die für mich da waren und da sind.

- *Gemeinde:* Es ist ein großes Privileg, in einer Gemeinde ein Zuhause zu haben mit Menschen, die für einen da sind und im Gebet einstehen. Gott hat uns die Gemeinschaft geschenkt und das ist eine enorm große Ressource!

- *Mein Mann:* Mein Mann war immer eine enorme Stütze. Jeden Tag hat er mich gefragt, wie es mir geht. Er zeigte mir seine Liebe täglich und ich fühlte mich geborgen und sicher bei ihm. Dies hat unsere Ehe noch viel stärker gemacht.

- *Betende Freundinnen:* Immer wieder kam es vor, dass

eine Freundin spontan für mich betete. Dies hat dazu geführt, dass auch ich gerne für andere in Not bete.

- *Bibellesen:* Es hilft mir, Gottes Wort zu lesen und seine Verheißungen zu verinnerlichen. Es gibt Verse, die ich immer und immer wiederhole, wenn ich merke, dass ich wieder in eine negative Gedankenspirale komme.
- *Zeichnen und Malen:* Schon als Kind zeichnete und malte ich gerne. In dieser schwierigen Zeit führte Gott mich in meine ganz eigene Kunsttherapie. Ich begann, Bibelverse schönzuschreiben und dazu zu zeichnen. So setzte ich mich einerseits mit seinem Wort auseinander und konnte andererseits meiner Kreativität freien Lauf lassen. Dass nun andere durch genau diese Bibelverskarten ermutigt werden dürfen – das bringt mich zum Staunen und macht mich dankbar!
- *Entspannung:* Durch die Schmerzen war mein Körper dauernd in einer Anspannung und ich musste wieder lernen »loszulassen«. Progressive Muskelentspannung, ein Tennisball und Achtsamkeit helfen mir sehr dabei.
- *Humor:* Lustige Momente, Lachen helfen mir. Meine beiden Töchter waren von klein auf fröhlich und hatten viele kreative Einfälle und Ideen, die mich zum Lachen brachten. Ihre Leichtigkeit und Lebenslust, die sie mitbringen, tun mir gut.

Meine Erfahrungen zeigen mir: Wenn man einmal im Leben einen Sturm durchkämpft hat, dann wirft einen der nächste Sturm nicht mehr so stark um. Das Durchlebte und Gelernte wird zu einer Ressource für eine nächste Schwierigkeit.

Deborah Keller

Mit Gott im Gespräch

Stell dir vor, es ist Sprechstunde bei Gott und du gehst hin.
Du trittst ein.
Ein warmes, angenehmes Licht heißt dich willkommen,
lädt dich ein, Platz zu nehmen.
Doch du zögerst.

Du bist ganz geknickt und niedergeschlagen.
Dein Mut ist dir unterwegs irgendwo abhandengekommen.

Gott kommt zu dir, sieht dich an. *»Was ist mit dir?«*
»Ich weiß es selbst nicht.
Ich fühle mich zerbrochen und leer,
ausgebrannt und erschöpft.«

»Einfach so?«

Du überlegst.
Nach und nach kommen dir verschiedene Situationen in den
Sinn:
Ausgefüllte, intensive Zeiten.
Fordernde, unzufriedene Mitmenschen.
Kritik, Vorwürfe, Anschuldigungen.
Krisen, Konflikte.
Kein Wunder, denkst du.

»Kein Wunder!«, sagt Gott
und er macht eine einladende Handbewegung.

»Komm mit!«

Du gehst mit ihm mit.
Er geht voraus und öffnet eine Tür ins Freie.
Vor dir Weite und neben dir eine Hängematte.
»Ruh dich aus!«, lädt Gott dich ein.

Du lässt dich in die Hängematte fallen und ruhst dich aus.
Der Schlaf gesellt sich zu dir.

Im Traum läufst du durch hohes Schilf und bahnst deinen
Weg durch die dichten Gräser. Aufrecht ragen sie empor,
wiegen sich im Wind, bieten Zuflucht.
Doch hin und wieder siehst du ein geknicktes Schilfrohr, wie
gewaltsam niedergedrückt oder eingebrochen unter einer
schweren Last – so wie du selbst. Zugleich erinnerst du dich
an das gewaltige, stabile, kaum zu tilgende Wurzelgeflecht
dieser Pflanzen. Die Wurzeln geben Kraft, Halt und Stabilität.
»Ich werde dich nicht zerbrechen«, hörst du die vertraute Stimme von Gott.
»Ich bin dir nah, ich helfe dir!«[9]
Diese Worte richten dich auf. Sie geben dir Halt.

Dann siehst du im Traum einen glimmenden Docht.
Nur noch ein winziger Funke.
Er kämpft ums Weiterbrennen, so wie du selbst.
Gleich ist er verloschen, denkst du.

---

9 Jesaja 42,3 LUT: »Das geknickte Rohr wird er nicht zerbrechen.«; Psalm
34,19 LUT: »Der HERR ist nahe denen, die zerbrochenen Herzens sind, und
hilft denen, die ein zerschlagenes Gemüt haben.«

»Ich werde dich nicht auslöschen!« Wieder diese Stimme.
»Meine Kraft ist in den Schwachen mächtig!«[10]

Es ist, wie wenn ein winziger Funke in dir
zu einer Flamme angefacht würde.
Neue Kraft durchströmt dein Inneres,
macht dich lebendig.

Du wachst auf.
Noch immer bist du in der Hängematte, schaukelst hin und her.
Doch etwas ist anders:
Du bist nicht mehr geknickt.
Du fühlst dich nicht mehr ausgebrannt.

Du bist von neuer Kraft erfüllt.
Ihr Name heißt »DENNOCH«.
Sie wirkt allen Widrigkeiten und schwierigen Umständen zum Trotz.
Dem Nein setzt sie entschieden ein Ja zum Leben entgegen.
Den überhöhten Anforderungen und Erwartungen kehrt sie den Rücken.
Stolpert sie oder wird sie zu Boden geworfen,
richtet sie sich entschlossen wieder auf.
Ihr Wurzelgeflecht trägt.
Ihre Quelle versiegt nie, denn diese ist das Leben selbst.[11]

---

10 Jesaja 42,3 LUT: »Den glimmenden Docht wird er nicht auslöschen.«;
2. Korinther 12,9 LUT: »Lass dir an meiner Gnade genügen, denn meine Kraft vollendet sich in der Schwachheit.«
11 Psalm 36,10 LUT: »Denn bei dir ist die Quelle des Lebens.«; vgl. Johannes 4,14

Gestärkt kletterst du aus der Hängematte,
richtest dich auf,
reckst und streckst dich dem Himmel entgegen,
wiegst dich in der Weite und Freiheit des Geistes.[12]

Ermutigt und ermächtigt gehst du Schritte in die Zukunft
und in die Weite ihrer Möglichkeiten.[13]
Kraftvoll – trotz Schwachheit – DENNOCH!

ANgeDACHT

Immer wieder muss ich es mir sagen: Vertrau auf Gott, dann fin-
dest du Ruhe! Er allein gibt mir Hoffnung, er ist der Fels und die
Burg, wo ich in Sicherheit bin; darum werde ich nicht wanken.
(Psalm 62,6-7 GNB)

Moment mal. Mit wem spricht der Beter hier eigentlich?
Führt er etwa Selbstgespräche?

Der Psalmbeter David, der von seinem Feind König Saul
jahrelang verfolgt wird und auf der Flucht ist, macht sich
neu bewusst, wo er echte Hilfe bekommt, wo sein wahrer Zufluchtsort ist, wo seine Seele zur Ruhe kommt und Heimat
findet. David erinnert sich daran, was ihm bis jetzt geholfen
hat, und er wendet sich dem zu, von dem bis jetzt treu und
beständig seine Hilfe kam: Gott.

---

12 2. Korinther 3,17 LUT: »Der Herr ist der Geist; wo aber der Geist des
Herrn ist, da ist Freiheit.«
13 Psalm 31,9 LUT: »Du stellst meine Füße auf weiten Raum.«

Diese beiden Verse 6 und 7 sind eine Wiederholung der Verse 2 und 3, doch diesmal spricht David es sich bewusst zu, als ob er sich selbst motivieren und sich diese Aussage in Erinnerung rufen möchte. David weiß, dass Kopfwissen allein nicht ausreicht. Die Wahrheiten von Gott wollen bis ins Innerste, bis in den Kern der Persönlichkeit gelangen. Und so kommt David mit seiner Seele, mit seiner Persönlichkeit, mit seinem innersten Kern ins Gespräch: *Aber sei nur stille zu Gott, meine Seele; denn er ist meine Hoffnung. Er ist mein Fels, meine Hilfe und mein Schutz, dass ich nicht wanken werde.* (Verse 6-7 LUT)

David setzt allen schwierigen Umständen ein entschiedenes Dennoch entgegen und trotzt so den aktuellen Widrigkeiten. Er fordert seine Seele bzw. sich selbst auf, sich an Gott zu wenden und bei ihm Zuflucht zu suchen. Hier kann er zur Ruhe kommen. Hier muss er nicht mehr in panisches Tun oder hektischen Aktivismus verfallen, sondern kann auf Gott warten und abwarten, was er wirkt.

Die Gute Nachricht Bibel formuliert diesen ersten Teil sehr frei und überträgt ihn folgendermaßen: *Immer wieder muss ich es mir sagen: Vertrau auf Gott!*

Es genügt also nicht, sich diese Wahrheit über Gott einmal bewusst zu machen. Nein: Unsere Seele, unser Innerstes, braucht Wiederholung und muss es immer wieder neu hören: *Sei nur stille zu Gott, meine Seele ...*

Warum? Was ist der Grund, dass die Seele bei Gott zur Ruhe kommen kann?

Davids Antwort lautet: Gott ist meine Hoffnung. Er allein gibt mir Hoffnung. So hat er es in seinem bisherigen Leben immer wieder erlebt und daran erinnert er sich. Diese Hoffnung bleibt. Diese Hoffnung hält. Diese unerschütterliche Hoffnung trägt durch bis ans Ende.

Das hebräische Wort für Hoffnung (*tiqwah*) wird an einer einzigen Stelle in der Bibel in der Bedeutung »gedrehte Schnur« gebraucht und zwar in Josua 2. In diesem Kapitel wird berichtet, wie die Prostituierte Rahab aus Jericho die beiden israelitischen Kundschafter an einem roten Seil durchs Fenster entkommen ließ, weil ihr Haus an der Stadtmauer stand. Dieses rote Seil wurde für sie zum rettenden Hoffnungsseil, denn als die Stadt erobert wurde, blieb ihr Haus als einziges stehen und sie wurde verschont. Rahabs Hoffnungsseil wurde sowohl für die Kundschafter als auch für sie selbst zur Rettung (Josua 2,15-21; 6,22-25).

So ein rettendes Hoffnungsseil ist Gott auch für uns.

Doch warum? Warum beschreibt David Gott als einzige Hoffnung? Was macht den Unterschied?

David spricht seiner Seele zu: *Nur Gott ist mein Fels, meine Hilfe und mein Schutz, dass ich nicht wanken werde.*

Mit diesem *Felsen* ist ein frei stehender, stabiler, harter, fester Fels gemeint, der hält.

Hilfe heißt auf Hebräisch *Jeschuah* und bedeutet Heil, Heilstaten, Rettung. Genau dieses Wort *Jeschuah* ist auch der Name von Jesus und sein Name bedeutet: *Gott hilft, Gott rettet.*

Der *Schutz*, von dem David spricht, ist sowohl eine sichere Festung, Anhöhe, Hochburg als auch Zuflucht. Eine Hochburg ist eine Befestigung oberhalb einer Stadt, zu der die Bewohner fliehen konnten und Zuflucht fanden. Für David ist Gott so ein Zufluchtsort, zu dem er in Not fliehen kann, zu dem er aber auch sonst jederzeit Zugang hat.

Was bedeutet dies für David, dass Gott allein sein Fels, seine Hilfe und seine Zuflucht ist? Die Antwort heißt: *Ich wanke nicht!* Gott gibt ihm Standfestigkeit und Sicherheit. Er ist der feste Grund, auf dem David in und trotz allen Widrigkeiten des Lebens bestehen kann. In Gott ist er sicher.

Daran erinnert David seine Seele. Niemals will er diese Wahrheit vergessen und deshalb entscheidet er sich, sie immer wieder zu bekennen: *Aber sei nur stille zu Gott, meine Seele; denn er ist meine Hoffnung. Er allein ist mein Fels, meine Hilfe und mein Schutz, dass ich nicht wanken werde.*

Zuspruch für meine Seele

Du, meine Seele,
schaue auf Gott, wende dich ihm zu,
vertraue ihm, baue auf ihn.

Ungewissheit ist kaum auszuhalten.
Unruhe legt sich nicht von alleine.

Dennoch, meine Seele:
Beruhige dich, warte ab, halte aus, halte durch!

Du, meine Seele,
erinnere dich doch,
wie Gott dich bis hierher
begleitet, versorgt und bewahrt hat.
Vergiss nicht all das Gute,
das dir von ihm zuteilwurde.

Du, meine Seele,
schaue auf Gott, wende dich ihm zu,
vertraue ihm, baue auf ihn.

Du, meine Seele,
von Gott allein kommt
deine Kraft, deine Hilfe, deine Hoffnung.
Er allein ist die Quelle des Lebens.
Bei ihm bist du sicher.
Er gibt dir Boden unter den Füßen.
Er hält dich,
darum fällst du nicht, sondern kannst bestehen.
Du, meine Seele,
schaue auf Gott, wende dich ihm zu,
vertraue ihm, baue auf ihn.

Du, meine Seele,
suche deine Zuflucht bei Gott,
berge dich bei ihm, der sicheren Burg,
denn ER allein ist deine Hilfe: *Jeschuah!*

KAPITEL 3

Akzeptieren, annehmen, anvertrauen ... Antwort

A wie akzeptieren, was man nicht ändern kann,
die Realität annehmen und
sich einem Größeren anvertrauen

Es geht um »*die Gelassenheit, Dinge hinzunehmen, die ich nicht ändern kann*«. Oft kommt es im Leben anders, als man denkt, plant, wünscht, hofft ... Wir haben diese Welt nicht im Griff, manchmal nicht einmal unsere eigene kleine Welt. Das ist so. Wir müssen auch nicht alles unter Kontrolle haben. Und doch ist es ein Bedürfnis des Menschen, die Kontrolle über sich selbst und sein Leben zu haben. Das gehört zum Menschsein dazu.

Deshalb ist es erst einmal hart, die Wirklichkeit zu nehmen, wie sie ist. Es braucht Willen und Kraft, um einen Verlust, eine Absage, ein Scheitern, einen Schicksalsschlag zu akzeptieren und auf vieles zu verzichten. Damit fertigzuwerden, braucht Zeit, denn wir haben kein »Voller-Freude-Verzicht-Gen« mit in die Wiege bekommen. Allerdings sollten wir beachten: Es geht nicht darum, die harte Realität toll zu finden; es geht auch nicht darum, zu resignieren oder sich aufzugeben. Sondern es geht darum, neuen Umgang zu finden, das eigene Denken, die eigene Einstellung zu verändern.

Ja, es gibt unzählige Situationen, Dinge, Ereignisse, Zustände, Menschen, die wir nicht ändern können, und ebenso bleiben viele Fragen offen, auf die wir keine Antwort erhalten. Da hilft es, die Realität zu akzeptieren, sie anzunehmen, wie sie ist. Wenn wir immer wieder versuchen, etwas zu verändern, auf das wir keinen Einfluss haben, das nicht in unserem Verfügungsbereich ist, dann laden wir uns noch mehr Probleme auf, verbrauchen viel Kraft und verlieren Nerven, die wir anderswo gebrauchen können. Aber was kann uns dabei helfen? Was bedeutet »etwas akzeptieren, etwas annehmen« konkret?

Wenn ein Mensch Ja sagen kann zum Leben, wie es ist, und nicht, wie er es gerne hätte, dann geht es um das Akzeptieren, wie es hier gemeint ist. Wenn eine Person die Situation, in der sie ist, annimmt, anstatt ständig dagegen anzukämpfen – dann hat sie auch mehr Energie und Motivation, um die übrigen Herausforderungen des Lebens zu bewältigen, anstatt die Kraft im Kampf und Widerstand dagegen zu verlieren oder daran zu zerbrechen.

Ein weiterer Schritt über das Akzeptieren und Annehmen hinaus besteht darin, all das Unbegreifliche, was unser Verstehen, Erleben, Denken übersteigt und überfordert, die damit verbundenen Vorstellungen, Erwartungen und Verletzungen einem Größeren zu überlassen: dem, der den Überblick behält, der weiß und versteht. Wenn ich meine Situation und ihren Ausgang diesem Größeren überlasse und mich Gott mitten im Leid anvertraue, dann entlastet und entspannt dies und macht gelassen. Es ist ein Loslassen, das bis in den Körper spürbar wird. Es versöhnt: mit Gott, mit sich selbst und mit anderen.[14] Doch dieses Anvertrauen und Sich-Überlassen geht in der Regel nicht auf Knopfdruck, sondern ist ein Ringen: ein Ringen mit der Situation, ein Ringen mit sich selbst, ein Ringen mit dem Umfeld, ein Ringen mit Gott.

Doch was ist mit all den Fragen, die offenbleiben, auf die es in diesem Leben vielleicht nie eine Antwort geben wird? Wohin sollen wir uns mit unseren Fragen wenden?

Auch offene Fragen und fehlende Antworten gehören zu den Dingen, die wir nicht ändern können, und auch diese dürfen wir Gottes Ohren, Händen und seinem Herzen überlassen. Er weiß darum. Bei ihm sind auch alle unsere Fragen aufgehoben. Doch zugleich dürfen wir unsere Fragen vor Gott bringen, sie ihm stellen, ihn bestürmen und mit ihm ringen. Wir dürfen die Antworten bei Gott suchen, sie von Gott erwarten – und wer weiß: Vielleicht erhalten wir eine persönliche Antwort. Auf jeden Fall sollen wir dafür offen sein und bleiben.

Kann dieses Akzeptieren, Annehmen, Anvertrauen trainiert werden? Ja und Nein.

Wir können in kleinen Alltagssituationen üben, Ja zu etwas zu sagen, das wir nicht ändern können. Das beginnt schon mit unserer Einstellung, wie wir mit einer Meldung

---

14 Diese Thematik hat sehr viel mit Loslassen und Verzicht zu tun und ist sogar vergleichbar mit Trauerphasen oder auch Sterbephasen, denn Sterbende sind auch Trauernde. Hierzu gehören die Akzeptanz der Realität, die Annahme und Anerkennung der eigenen Situation. Die Psychiaterin Elisabeth Kübler-Ross beobachtete in ihrer jahrelangen Begleitung und Befragung von Sterbenden und ihren Angehörigen folgende fünf Phasen: *Nicht-wahrhaben-Wollen, Zorn, Verhandeln, Depressionen, Zustimmung.* Siehe unter: https://www.betanet.de/sterbephasen-nach-kuebler-ross.html

in der Zeitung, Radio, Fernsehen, im Internet umgehen, wie nah wir sie an uns heranlassen.

Wie reagiere ich, wenn etwas, auf das ich warte, nicht kommt – ein Anruf, eine Bestellung, Post? Natürlich kann ich dem nachgehen und nachfragen, aber mich die ganze Zeit aufregen …?

Was kann ich tun, wenn ich im Alltag Ablehnung erlebe, eine Absage bekomme, wenn schlecht über mich geredet wird oder mir etwas in die Schuhe geschoben wird, für das ich nicht zuständig bin? Natürlich kann ich ein klärendes Gespräch suchen, doch wenn beim Gegenüber die Meinung »festbetoniert« ist, dann stellt sich die Frage, wie sinnvoll dies ist.

Wie gehe ich damit um, wenn eine mir nah stehende Person sich so verhält, wie ich es überhaupt nicht gut finde, wenn es mich nervt? Ja, dann kann ich das Gespräch suchen, aber ich kann den anderen oder die andere nicht verändern. Hier kann ich lediglich an meiner persönlichen Einstellung arbeiten und mich darin üben, das eine oder andere zu akzeptieren – was natürlich nicht bedeutet, dass ich es toll finden muss.

Was mache ich, wenn ich einen vollen Terminkalender habe, wenn wir als Familie etwas geplant haben – und plötzlich wird ein Kind krank, es kommt etwas dazwischen, alle Pläne werden über den Haufen geworfen? Lasse ich mir davon alle Kraft rauben, zeige allen meine Enttäuschung und bemitleide mich selbst?

Und was, wenn mein Körper auf einmal nicht mehr mitmacht, wenn etwas schmerzt, wenn etwas nicht stimmt? Lasse ich mich von der Angst und Sorge überwältigen und lähmen? Wie akzeptiere ich unerwartete und unangenehme Situationen?

Zuerst einmal möchte ich betonen, dass es durchaus normal, menschlich und verständlich ist, wenn ich nicht einfach abgeklärt und hingebungsvoll alles akzeptiere, was mir geschieht, und am Schluss zu einem willenlosen Opfer verkomme. Nein! In uns Menschen, auch in mir, geht in der Regel sehr viel vor sich an Gedanken und Gefühlen.

Dieses *Wahrnehmen* und *Bewusstwerden*, worum es gerade geht, ist ein erster Schritt und hilft, mehr Klarheit zu bekommen. *Gefühle* wollen ernst genommen werden, denn sie sind ehrlich und zeigen mir an, wie es mir wirklich geht und was eine Begebenheit in mir auslöst. Diese Gefühle dürfen auch zugelassen werden (wenn ich damit nicht andere oder mich selbst schädige).

Dann kann ich in einen *inneren Dialog* treten und überlegen, was in mir ausgelöst wurde, wie ich darauf reagiere und damit umgehen will. Manchmal ist es notwendig, die *Enttäuschung zuzulassen* und einen Verlust (auch wenn er klein ist) zu *bedauern* und zu *betrauern*, denn so verarbeite ich das Geschehene und verdränge es nicht in ein hinteres Eck. Dort haben sich womöglich schon andere Enttäuschungen angesammelt, die eines Tages wie ein Vulkan über mir und anderen ausbrechen können und Unheil anrichten.

Und schließlich kann ich mich entscheiden, wie ich *anders darüber denken und mich verhalten will*. Sollte ich darauf reagieren oder ist es besser, das Ganze für mich persönlich zu verarbeiten? Ist es sinnvoll, für etwas zu kämpfen, Lösungen zu suchen – oder wäre es besser, darauf zu verzichten und es zu akzeptieren? Kann ich es *jemandem anvertrauen*? Wem?

Und wenn ich dies in den alltäglichen Situationen des Lebens, die mir immer wieder zugespielt werden, einübe, dann verändert dies meinen Umgang mit Schwierigkeiten, Enttäuschungen, Verlusten. Kleine Schritte sind große Schritte. Kleine Veränderungen können Großes bewirken.

Ein-Blick in die Bibel

Doch werfen wir nun einen Blick in die Bibel und schauen, wie Menschen Herausforderungen annehmen konnten und wie sie damit umgegangen sind. Auch zu diesem Themenbereich des Annehmens, Akzeptierens und Anvertrauens bietet uns die Bibel eine Fülle von Beispielen.

Noah nimmt Gottes Anweisungen zum Bau der Arche an. Er vertraut Gott und hält an ihm fest. Er vertraut sich diesem an, auch während des monatelangen »Lockdowns« in der Arche, mitten in Lärm und Gestank ... (1. Mose 6-8).

David betet mit seinem Psalm 31 ein Gebet des Vertrauens und Loslassens. Er überlässt sich Gottes Händen: *In deine Hände befehle ich meinen Geist* (Vers 6 LUT).

Daniel bleibt Gott treu, koste es, was es wolle. So akzeptiert er auch die Löwengrube, weil er sich in Gottes Hand sicher und geborgen weiß (Daniel 6). Daniel weiß nicht, ob er die Löwengrube überleben wird. Aber er vertraut Gott, vertraut sich ihm an – im Leben und im Sterben, Tag für Tag. Und er vertraut darauf, dass er nie tiefer fallen kann als in Gottes Hand.

Das wohl beste Beispiel und eindrücklichste Vorbild im Vertrauen und darin, sich Gott anzuvertrauen, ist *Jesus* selbst.

Er lebt tagtäglich aus der engen Beziehung und Verbindung mit seinem himmlischen Vater und überlässt sich Gottes Willen und Händen. Dies wird besonders deutlich vor seinem Tod, als er im Garten Gethsemane im Gebet mit Gott ringt und darum bittet, dass ihm das Leiden erspart bleibt (Matthäus 26,36-42).

Jesus ringt in seiner schwersten Stunde um sein Leben und überlässt sich letztlich den Händen seines himmlischen Vaters. Aus Angst, Trauern, Zittern und Zagen wird Vertrauen. Jesus gibt sich ganz Gottes Willen hin und wird dadurch zum Vorbild, es ihm gleichzutun: nicht um den eigenen Willen zu kreisen oder dafür zu kämpfen, sondern Gottes Willen geschehen zu lassen. So betet Jesus im Angesicht seines Todes: »*Mein Vater, ... doch nicht, wie ich will, sondern wie du willst!*« (Vers 39 LUT)

Was aber ist eigentlich der Unterschied von Glauben und Vertrauen – oder ist es dasselbe?

Es ist aber der Glaube eine feste Zuversicht dessen, was man hofft, und ein Nichtzweifeln an dem, was man nicht sieht. (Hebräer 11,1 LUT)

Biblisch betrachtet ist beides (Glaube und Vertrauen) das Sich-Verlassen auf jemanden, der absolut treu, zuverlässig, wahrhaftig, glaubwürdig, ehrlich ist und der dafür bürgt. Glaube beinhaltet sogar einen Bund, einen Vertrag mit dieser Person. Glauben in der Bibel bedeutet: sich diesem Gott zuzuwenden, ihm Großes zuzutrauen, was nicht unbedingt der Logik entspricht. Glaube meint, eine Beziehung mit ihm einzugehen, sich auf eine Beziehung mit ihm einzulassen. Diese Beziehung zwischen Gott und Mensch hat Auswirkungen auf das ganze Leben, auf die persönliche Haltung und Einstellung. Der Lebensstil ist dann auf Gott bezogen.

Gott ist derjenige, der dem Leben Würde, Sinn, Wert und Ziel gibt. Glaube kann man also nicht haben oder besitzen, sondern nur leben – das betrifft den Menschen ganzheitlich: innerlich und äußerlich!

Und das hebräische Wort für Glauben kennen wir alle, denn es heißt: Amen!

Und *Amen* dürfen wir immer wieder sagen, uns immer wieder darin üben, zu Gottes Handeln und Wegen *Ja* zu sagen und uns diesem Gott anzuvertrauen.

Himmlische Wirk-Worte

In deine Hände befehle ich meinen Geist; du hast mich erlöst, HERR, du treuer Gott ... ich aber vertraue auf den HERRN. (Psalm 31,6.7b LUT, vgl. Lukas 23,46)

Doch ich verlasse mich auf dich! Du, Herr, du bist und bleibst mein Gott! Was aus mir wird, liegt in deiner Hand. (Psalm 31,15-16 GNB)

Wenn wir leben, leben wir für den Herrn, und auch wenn wir sterben, gehören wir dem Herrn. Im Leben wie im Sterben gehören wir dem Herrn. (Römer 14,8 NGÜ)

Von Abraham heißt es doch in den Heiligen Schriften: »Er vertraute Gott und glaubte seiner Zusage und dies rechnete Gott ihm als Gerechtigkeit an.« (Galater 3,6 GNB)

Jesus Christus, unser Vorbild
Das ist die Haltung, die euren Umgang miteinander bestim-
men soll; es ist die Haltung, die Jesus Christus uns vorgelebt
hat. Er, der Gott in allem gleich war und auf einer Stufe mit
ihm stand, nutzte seine Macht nicht zu seinem eigenen Vor-
teil aus. Im Gegenteil: Er verzichtete auf alle seine Vorrechte
und stellte sich auf dieselbe Stufe wie ein Diener. Er wurde
einer von uns – ein Mensch wie andere Menschen. Aber er
erniedrigte sich »noch mehr«: Im Gehorsam gegenüber Gott
nahm er sogar den Tod auf sich; er starb am Kreuz »wie ein
Verbrecher«. Deshalb hat Gott ihn auch so unvergleichlich
hoch erhöht und hat ihm »als Ehrentitel« den Namen gege-
ben, der bedeutender ist als jeder andere Name. (Philipper
2,5-9 NGÜ)

Werft euer Vertrauen nicht weg, welches eine große Beloh-
nung hat. (Hebräer 10,35 LUT)

Lasst uns ... aufsehen zu Jesus, dem Anfänger und Vollender
des Glaubens. (Hebräer 12,2 LUT)

Erfahrungen mitteilen

Rituale helfen mir
Mit Ritualen lerne ich zu verzeihen, loszulassen, alles Gott
zu übergeben und dabei befreiter, froher und gestärkt in die
Zukunft zu gehen.

Ein Ritual: Ich schreibe auf, was mich bedrückt, zünde diesen Zettel an und übergebe alles dem Komposthaufen.

Ein weiteres Ritual: Ich nehme einen Stein, spüre, wie schwer mich so vieles belastet, werfe ihn in einen Bach und übergebe alles dem fließenden Wasser.

Noch ein Ritual: Wenn ich an einer Kirche vorbeikomme, zünde ich dort eine Kerze an und übergebe die Sorge um mich und andere an Gott, der alles weiß, der mich liebt, so wie ich bin.

Morgenritual: Noch bevor ich aufstehe, beginne ich meinen Tag damit, Gott für die vergangene Nacht zu danken und ihm den neuen Tag anzuvertrauen. Ich bitte ihn um seinen Segen und seine Nähe. Dabei helfen mir vorformulierte Gebete, z. B. das Morgengebet der Hildegard von Bingen: *»Herr, der du von allen verherrlicht wirst, in deiner großen Güte verlass mich nicht, stärke mich, schütze mich und erhalte mich mit deinem Segen. Amen.«*

Tagsüber schicke ich ab und zu ein Stoßgebet zum Himmel oder singe ein Lied. In ganz schwierigen Zeiten habe ich auch schon zu Gott »geschrien«: »Gott, wenn es dich gibt, so hilf mir – es ist höchste Alarmstufe!!«

Ich versuche zu akzeptieren, dass das Leben oft Achterbahn fährt, mit Höhen und Tiefen. Ich versuche, dankbar zu sein, wenn etwas gelungen ist oder wenn ich gelernt habe, über den eigenen Schatten zu springen – ich will mich aber auch nicht entmutigen lassen, wenn etwas schiefgelaufen ist! Theoretisch weiß ich so vieles, es praktisch umzusetzen, bleibt eine Herausforderung.

M. V.

Die wertvolle Wüstenzeit

Im April 2011 begann für unsere Familie eine schwierige Zeit. Unsere beiden Töchter standen beide innerhalb eines Jahres mit je einem Kind, aber ohne Mann da. Somit wurden wir unter schwierigen Bedingungen Großeltern. Es war für unsere Töchter und uns eine sehr schwere Zeit, mit vielen Tränen und Sorgen.

Uns kam es so vor, als hätten wir kein eigenes Leben mehr. Neben unserer eigenen Arbeit unterstützten wir unsere Töchter, wo es uns möglich war. In dieser schweren Zeit half meinem Mann und mir unser Vertrauen in Jesus, dass er uns durch diese Wüstenzeiten tragen würde. Jesus trocknete unsere Tränen, gab uns immer wieder neue Kraft weiterzumachen. Trotz allem hatten wir viele schlaflose Nächte, doch Aufgeben war für uns keine Option. Die Bibelstelle in Hebräer 11,1 begleitete uns ständig: »*Glauben heißt Vertrauen und im Vertrauen bezeugt sich die Wirklichkeit dessen, worauf wir hoffen.*« (GNB)

Trotzdem war die Stabilität in unserer Ehe und überhaupt in unserem Leben schwieriger geworden. Dennoch beteten wir und sprachen viel miteinander, ermutigten uns immer wieder und stellten unsere Ehe unter Gottes Schutz. Aber es war für uns beide ein Kampf, um nicht in einen Burn-out zu fallen.

Endlich kam ein Lichtblick: Auch unsere jüngere Tochter, die mit ihrem Baby bei uns gewohnt hatte, fand ein Zuhause. Doch da sie alles allein stemmen musste, sprangen wir oft mit Babysitten ein.

Dann kamen unsere lang ersehnten Ferien, die unser Leben verändern sollten: Wir fuhren mit einer Kirchengemeinde nach Griechenland. Täglich gab es Gottesdienste, Inputs und seelsorgerliche Gespräche. Diese zwei Wochen waren für meinen Mann und mich ein großer Segen. Ein Stück Freiheit und Aufatmen kam Schritt für Schritt in unser Leben zurück. Wir entschlossen uns, ein Sabbatjahr zu nehmen, und zogen uns aus allem zurück (ausgenommen die Gottesdienste). So konnten wir lernen, zur Ruhe zu kommen. Diese Zeit war bis heute unsere wertvollste Zeit mit Gott!

Auch mussten wir lernen, unseren Töchtern Grenzen zu setzen. Wir begriffen endlich, dass wir ein eigenes Leben als Eltern und Ehepaar hatten. Langsam ließen wir unsere Töchter los. Dies fiel uns sehr schwer, da wir auch unsere Enkelkinder loslassen mussten. Viel Zeit investierten wir stattdessen in unsere Ehe. Wir erkannten unsere eigenen Schwächen und Grenzen und lasen intensiv in Gottes Wort. Auch mussten wir einsehen, dass wir – als Ehepartner und als Eltern – einiges falsch gemacht hatten. Wir baten unsere Kinder um Vergebung. Es flossen viele Tränen, aber dieses Mal waren es Tränen der Erleichterung und Veränderungen. Wenn Gott uns verändert, dann geht das nicht ohne Schmerzen. Und so ließen wir uns unter Schmerzen und vielen Tränen formen, schleifen und korrigieren.

Mittlerweile spüren und erleben wir, wie Gott uns eine stabile, gesunde Identität geschenkt hat. Wir sind Geliebte des Allerhöchsten. Wir sind einzigartig, wertvoll, wunderbar und gewollt. In unserer Familie ist es bis heute noch nicht ganz so, wie wir uns das wünschen, aber Gott wird auch den Rest vollbringen. Er ist immer gut, auch in schwierigen Zeiten, und er macht keine Fehler. Heute können wir aus Überzeugung sagen: *Wüstenzeiten sind Gotteszeiten.* Nur solche Zeiten geben tiefe Wurzeln und Beständigkeit im Leben.

Stolz sind wir auf unsere Töchter, denn es war auch für sie

eine sehr schwierige Zeit. Als alleinerziehende Mütter haben sie immer ihr Bestes gegeben. Was uns besonders gefreut hat: dass unsere älteste Tochter ihr Leben Jesus übergeben hat.

In diesen schwierigen Zeiten habe ich durch Gottes Reden meine Berufung gefunden: Drei wunderbare Frauen und ich helfen anderen Frauen in schwierigen Lebenssituationen. Wir begleiten sie und investieren Zeit in sie. Mag die Situation auch noch so schwer sein, ist es doch unser Ziel, diese Frauen in eine gesunde Identität mit Jesus zu führen. Uns ist es wichtig, dass niemand allein durch schwierige Zeiten gehen muss.

Iris Ruckstuhl

Mit Gottes Hilfe Schwieriges akzeptieren und überstehen
Ich wollte nie Teilzeit arbeiten, denn ich war der Überzeugung, dass ich dann nur noch halb so viel wert wäre. Schließlich definierte ich meine Daseinsberechtigung durch meine Arbeit. Trotzdem musste ich aufgrund gesundheitlicher Probleme meine Arbeitszeit reduzieren. So stand ich immer unter großem eigenen Druck, mir und anderen zu beweisen, dass ich trotzdem wertvoll bin. Doch ich glaubte mir selber nicht. Das konnte ich erst, als ich begriff, dass Gott mich auch mit weniger Arbeitsfähigkeit voll und ganz liebt, nicht erst, wenn ich wieder gesund bin, sondern jetzt, in dieser Situation.

Und dann bekam ich einen neuen Chef, dem ich mich beweisen wollte, auch wenn ich weniger als die anderen arbeitete. Und schon war ich wieder im Hamsterrad. Ich arbeitete zu viel, die Schmerzen wurden immer schlimmer. Nach wenigen Monaten kam ein Rückfall. Nach längerer Pause wurden die Schmerzen nicht weniger. Schließlich konnte ich gar nicht mehr zurück zur Arbeit. Selbstvorwürfe zogen mich noch weiter runter. Auf keinen Fall wollte ich etwas akzeptieren, woran ich selber schuld war. Es dauerte Jahre, bis ich mich davon erholte. Und geholfen hat mir wieder Gott, obwohl ich viele Zweifel an ihm hatte.

Immer wieder musste ich durchbuchstabieren, dass ich trotz Arbeitsunfähigkeit noch ein vollwertiger Mensch bin. Von anderen Leuten, die nicht arbeiten konnten, hätte ich niemals gedacht, sie wären weniger wert, doch meinen eigenen Wert bezog ich aus der Arbeit.

Ich hielt an Gott fest, denn ich wusste, dass ich ohne ihn untergehen würde. Aber mit den Jahren kühlte von meiner Seite her die Beziehung zu ihm ab. Eine Freundin lud mich dann in ein Seminar ein, wo ich auftanken konnte. Die Bibelworte, die ich dort hörte, waren mir vertraut. Das tat mir gut. Endlich hörte ich wieder von Gott, wie er war, ist und immer sein wird, dass er seine Versprechen hält und treu und gnädig ist. Das tat und tut mir gut, baut mich auf und lässt wieder hoffen. Mit ihm kann ich Schwieriges akzeptieren und überstehen.

Monika

Mit Gott im Gespräch

Stell dir vor, es ist Sprechstunde bei Gott und du gehst hin.
Du trittst ein.
Ein warmes, angenehmes Licht heißt dich willkommen,
lädt dich ein, Platz zu nehmen.
Das tut gut.
Gott kommt zu dir, sieht dich an. *»Ja, bitte?«*

»Was ist loslassen[15]?«, willst du wissen.
»Sich öffnen, gehen lassen, überlassen ... frei werden und aufbre-
chen ...«,
erklärt Gott.

Dein fragender Blick spricht Bände.
»Und wie soll das gehen? Wie sieht Loslassen praktisch aus?«

»Was willst du denn loslassen?« Gott schaut dich an.

»Die Sorgen um mich und meine Angehörigen.
Die Ängste, dass mir oder ihnen etwas zustoßen könnte.
Das Bedürfnis, mein Leben im Griff zu haben, die Kontrolle
zu behalten,
und das ständige Kreisen um meine Befürchtungen ...
Das alles nimmt mir die Luft.«

---

15 Die Begriffe für »loslassen« in der Bibel bedeuten u. a.: losmachen, los-
binden, freigeben, auftun, (sich) öffnen, lösen, aufbrechen, freien Lauf lassen, gehen lassen, senden/aussenden, geleiten, begleiten, überlassen, entlas-
sen (vgl. Jesaja 58,6).

»Willst du denn das alles loslassen?«
Wie immer trifft Gott den Nagel auf den Kopf.

»Ja und Nein. Ich will es loslassen, aber zugleich frage ich
mich, was dann ist.
Wer kümmert sich darum?
Wer behält den Überblick?
Wer beschützt uns?«

Du schaust Gott an. Er schaut dich an.
Und du erkennst:
Du kannst dich und andere
weder beschützen
noch vor Bösem bewahren.
Das kann nur einer.
Du hast das Leben nicht im Griff.
Und wenn du es versuchst,
dann hat dich die Angst im Griff.

Gottes Stimme lädt dich ein:
»Lass los:
Überlass mir deine Sorgen.
Gib mir deine Angst.
Vertraue mir deine Liebsten an.
Ich begleite sie.
Ich bin da für sie – und auch für dich!
So wirst du frei und kannst wieder atmen.«

»Und wenn die Sorgen wiederkommen?«, fragst du nach.
»Immer gilt: Überlasse sie mir! Schau auf mich!«,
hörst du Gott sagen.

Du zögerst.
Du ringst mit dir selbst.
Du ringst mit Gott.
Da berührt Gott dein Herz und deine Sinne. Er sagt:
»Ich bin da. Ich bin für dich und für dich da.
Ich bin dein Tröster.[16] Ich lasse dich nicht im Stich. Niemals![17]«

Lange bist du bei Gott. Bist einfach da.
Wirst genährt von seiner Gegenwart.

Schließlich sagst du:
»Ja. Ich bin bereit. Ich lasse los:
Den Schmerz, die Sorge, die Kontrolle, mich selbst.
Nicht mein, sondern dein Wille soll geschehen!«
Dann öffnest du deine Hände und hältst sie Gott entgegen.
Alles legst du in seine Hände.

Im selben Moment ist es,
als ob innere Fesseln sich lösen und Ketten zerspringen.
Du wirst frei.
Deine Hände sind wieder frei zu empfangen.
Gott füllt sie mit Leben.

Er spricht dir zu:
»Du sollst leben! Ich bin da, damit du Leben hast und es in Fülle
hast![18]«
Und er segnet dich ins Leben hinaus.

---

16 Jesaja 51,12 LUT: »Ich, ich bin euer Tröster!«; Jesaja 66,13 LUT: »Ich will
euch trösten, wie einen seine Mutter tröstet.« (vgl. Psalm 131)
17 Josua 1,5 LUT: »Ich will dich nicht verlassen noch von dir weichen.«
18 Johannes 10,10 LUT: »Ich bin gekommen, damit sie das Leben haben
und volle Genüge.«

Dann brichst du auf.

Befreit, gelöst und voller Vertrauen gehst du in deine Zukunft.

Und er leitet dich mit seinen Augen.[19]

ANgeDACHT

Siehe, wie der Ton in des Töpfers Hand, so seid auch ihr in meiner Hand. (Jeremia 18,6 LUT)

Wer möchte schon gerne mit einem Klumpen Ton oder Lehm verglichen werden – letztendlich mit einem Haufen Dreck? Vermutlich die wenigsten! Zu dieser Frage kommen mir zwei Gedanken in den Sinn: Zunächst erinnert das Bild von Ton bzw. Lehm an den Schöpfungsbericht, in dem es heißt, dass Gott den Menschen aus Erde formte (vgl. 1. Mose 2,7). Und nach dem Sündenfall sagt Gott zum Menschen: »*Du bist Staub von der Erde und zu Staub musst du wieder werden!*« (1. Mose 3,19 HFA)

Der andere Gedanke ist die Frage nach dem Wert des Menschen. Was ist schon ein Stück Lehm? Doch es geht in diesem Vers um viel mehr, denn so ein grundsätzlich wertloser Klumpen Ton wird in der Hand eines fähigen Töpfers – unter seinem Geschick und Können – zu einem brauchbaren und wertvollen Gefäß geformt: ein Kunstwerk, etwas, das andere erfreut, das nützlich ist und einem bestimmten Zweck dient.

---

19 Psalm 32,8 LUT: »Ich will dich unterweisen und dir den Weg zeigen, den du gehen sollst; ich will dich mit meinen Augen leiten.«

So auch wir Menschen: Vom Material her nicht gerade kostspielig, doch in Gottes Hand geschieht etwas mit uns – vorausgesetzt, wir lassen unseren Schöpfer an uns handeln.

Mal ehrlich gefragt:

Darf Gott an und mit mir wirken? Nach seinem Willen? Oder will ich grundsätzlich meinen Willen und mein Ego durchsetzen?

Lasse ich Veränderung an mir und in meinem Leben zu? Bin ich offen für Gottes Willen und Weg für mich?

Wenn wir einen Blick in die Bibel werfen, können wir überlegen, welche »Tonklumpen« Gott schon zu besonderen Gefäßen geformt hat: den bequemen, nachgiebigen *Abram* zu einem Gott vertrauenden *Abraham*; die herrische *Sarai* zu einer klarsichtigen *Sara*. Gott formte die manipulative *Rebekka*, den betrügerischen *Jakob*, die unscheinbare *Lea*, den eitlen *Josef*, den jähzornigen *Mose*, den ängstlichen *Gideon*, den selbstgerechten und sturen *Jona*, den wankelmütigen *Petrus*, den habgierigen *Zachäus*, den fanatischen *Saulus*.

Wie sich diese Menschen veränderten oder verändern ließen, können wir in der Bibel nachlesen. Bei manchen ist es klar, bei anderen bleibt es offen. Gott gebrauchte sie dennoch.

So ein Verwandlungsprozess ist alles andere als angenehm und manchmal kostet er alles, vor allem unser Ego. Aber es ist wohl so, dass es schrecklich und befreiend, schmerzhaft und erlösend zugleich ist, in die Hände des lebendigen Gottes zu fallen und sich diesen Händen – mit dem ganzen Lebensrucksack – anzuvertrauen, Gottes Wirken zuzulassen und sich mit Gottes Willen einverstanden zu erklären – immer wieder! (vgl. Psalm 31,6; Hebräer 10,31)

In diesem Vers vom Töpfer und Ton wird Gottes Hand als

Ort unserer Verwandlung beschrieben: als Wendepunkt. Es ist der Ort, wo Gottes Kraft an und in uns wirkt und wo wir den Besitzer wechseln: Nicht mehr ich herrsche und bestimme über mich und mein Leben (oder gar über andere), sondern ich erkläre mich einverstanden mit dem Größeren, der den Überblick hat und behält: Gott!

Aber nun, HERR, du bist doch unser Vater! Wir sind Ton, du bist unser Töpfer, und wir alle sind deiner Hände Werk. (Jesaja 64,7 LUT) Und genau darin liegt unser Wert. Genau das macht uns kostbar und gibt uns eine viel bessere und erfüllende Lebensqualität!

Ein weiterer Gedanke kommt mir in den Sinn, nämlich das bekannte Gebet des Niklaus von Flüe:

Mein Herr und mein Gott,
nimm alles von mir, was mich hindert zu dir.
Mein Herr und mein Gott,
gib alles mir, was mich führet zu dir.
Mein Herr und mein Gott,
o nimm mich mir und gib mich ganz zu eigen dir.

Gott möge uns dabei helfen, uns immer wieder seinen Händen zu überlassen: Wie der Ton in der Hand des Töpfers, so sind auch wir in der Hand des Herrn.

Gebet

Ein Stück Ton?
Lehm, Dreck – mehr nicht?
Von Erde genommen,
um wieder zu Erde zu werden?
Soll das alles gewesen sein?
Und doch:
Aus Erde geformt,
wie Ton getöpfert,
im Verborgenen bereitet:
durch deine Hand, Gott.
Und deshalb
wertvoll, kostbar, einmalig, einzigartig –
ein Gefäß zu deiner Ehre.

Aber es gibt Tage,
da will ich weder Ton noch Gefäß
noch sonst etwas sein.
Da will ich nicht mehr.
Da kann ich nicht mehr.
Da will ich nur noch weg –
wieder zu Erde werden …

Doch du, Gott,
formst weiter,
gibst mich nicht auf.
Dein Atem ist lang, reicht weiter …

Und ich lasse es zu
und bleibe
in deiner Hand.

Wohin sollte ich sonst?
Ich nehme mich ja doch überall hin mit.
Also bleibe ich
in deiner Hand
wie Ton in des Töpfers Hand.
Forme mich, du, mein Töpfer!
AMEN

KAPITEL 4

Einstellung verändern und Einfluss nehmen

E wie eigene Einstellung verändern und Einfluss nehmen

Hier geht es um die Bereitschaft, an der eigenen Einstellung zu arbeiten und sie so zu verändern, dass die Hoffnung, die Motivation und der Mut wachsen. Es geht um das Entdecken von Handlungsmöglichkeiten, wenn sie auch noch so klein sind oder nur in einem bestimmten Bereich umsetzbar sind. Es geht letztlich um »*den Mut, das zu verändern, was ich ändern kann*«.

Wo etwas in unserem Verfügungsbereich ist, können wir am Geschehen mitwirken und es verändern. Wo wir keinen Einfluss auf eine Situation haben, haben wir es dennoch in der Hand und es liegt in unserer Verantwortung, wie wir darüber denken und wie wir damit umgehen. Hier können wir an unserer Einstellung zum Geschehen arbeiten, diese verändern und möglicherweise Einfluss nehmen. So bleiben wir in einem gewissen Bereich handlungsfähig, anstatt Opfer der Umstände zu sein.

Wir können eine schwierige Situation, die wir nicht ändern können, annehmen, wie es im Kapitel vorher beschrieben wird. Und wir können immer – ob eine Situation veränderbar ist oder nicht – an unserer persönlichen Einstellung arbeiten und diese allenfalls überdenken und verändern. Auch in Bezug auf Umstände, die wir nicht ändern können, haben wir die Möglichkeit, anders darüber zu denken und uns zu verhalten. Und so behalten wir einen gewissen Einfluss, auch wenn er vielleicht gering ist.

Ich kann mich fragen: Wie denke ich über diese Situation, die mich überfordert, die schwierig ist, die mir zu schaffen macht? Warum denke ich so?

Ich versuche, das Ganze aus einer anderen Perspektive zu betrachten: Welche Sicht könnte man auch darüber haben? Wie könnte ich darüber denken? Möchte ich meine bisherige Einstellung verändern? Wenn ja, wie? Welche neuen bzw. anderen Möglichkeiten eröffnen sich mir dadurch? Was kann ich wie tun? Inwiefern habe ich noch immer einen gewissen Einfluss?

Ein-Blick in die Bibel

Wenn ich in Gedanken durch die Bibel reise und mir verschiedene Personen und Ereignisse in Erinnerung rufe, dann staune ich, wie viele Männer und Frauen sich dazu entschieden haben, eine menschlich gesehen ausweglose Situation ganz neu zu betrachten, anders darüber zu denken und die eigene Einstellung zu ändern. Und siehe da: Auf einmal werden sie wieder handlungsfähig, gehen motiviert und mit neuer Kraft vorwärts, nehmen eine Herausforderung in Angriff.

Wie haben sie das gemacht? Was hat ihnen geholfen?

Isaak, der Sohn Abrahams, geht einen inneren Weg von der Menschenfurcht zu einer Abmachung, die ihm Frieden bringt, einen inneren Weg von Zank und Streit zu weitem Raum (1. Mose 26,12-33). Wie kommt es dazu? Grundsätzlich hat Isaak eigentlich gerne seine Ruhe, liebt Harmonie und Frieden. Doch immer wieder kommt es zu Konfrontationen mit den Nachbarn, den Philistern. Isaak packt seine Sachen und geht – bis er damit beginnt, die Dinge beim Namen zu nennen und klare Abmachungen zu treffen.

Auch *Josef*, der Lieblingssohn von Jakob, wird in seinem Leben herausgefordert, seine Einstellung zu überdenken (1. Mose 37-50). Er sieht sich nicht als Opfer seiner Brüder oder des Lebens, sondern erkennt, dass Gott ihn durch das tiefe Tal begleitet und ihn trotz allem gesegnet hat. Josef kann gegen Ende seines Lebens zu seinen Brüdern sagen: »*Ihr hattet Böses mit mir vor, aber Gott hat es zum Guten gewendet.*« (1. Mose 50,20 GNB)

Mose sendet auf Gottes Geheiß hin zwölf Kundschafter aus, die das verheißene Land Kanaan erkunden und davon berichten sollen. Diese ziehen vierzig Tage lang durch das Land und bilden sich ihre Meinung darüber (4. Mose 13-14). Doch je nachdem, worauf sie sich fokussieren, beeinflusst dies ihre Sicht und Einstellung, gibt ihnen Mut und Motivation oder raubt ihnen die Hoffnung und Kraft. Nur *Kaleb* und *Josua* halten an der Hoffnung fest und werden zu Ermutigern, es trotzdem zu wagen und – mit Gottes Hilfe – das Land einzunehmen. Diese Geschichte zeigt: Was man anschaut, wächst – sei es entmutigend oder ermutigend.

Königin *Esther* wagt es, ungebeten vor den König zu treten, um für ihr Volk zu bitten. Damit riskiert sie ihr eigenes Leben. Aber sie rechnet mit dieser Möglichkeit und stellt sich darauf ein: »*Komme ich um, so komme ich um.*« (Esther 4,16 LUT) Diese innere Haltung gibt ihr den Mut, etwas zu wagen: nämlich zu versuchen, Dinge zu ändern, auf die sie Einfluss hat.

Mutige Frauen im Vertrauen auf Gott
Zu Beginn des 2. Mose-Buches werden einige Frauen erwähnt, die in einer Situation der Unterdrückung und Sklaverei aktiv Widerstand leisten. In Ägypten vermehren sich die Nachkommen Jakobs bzw. Israels und werden zu einem großen Volk. Der amtierende Pharao weiß nichts von Josef und hat Angst, dass dieses Volk übermächtig wird. Deshalb beginnt er, die Hebräer mit Zwangsarbeit zu unterdrücken, und macht ihnen das Leben schwer. Doch je mehr der Pharao das Volk bedrückt, desto stärker wächst es.

Da befiehlt der König den hebräischen Hebammen *Schifra* und *Pua*, die neugeborenen Söhne der hebräischen Frauen sofort nach der Geburt zu töten.

Aber die Hebammen fürchteten Gott und taten nicht, wie der König von Ägypten ihnen gesagt hatte, sondern ließen die Kinder leben. (2. Mose 1,17 LUT)

Die beiden Hebammen befinden sich wie alle anderen Frauen in der Knechtschaft in Ägypten. Sie erleben genau dieselbe schwierige Situation wie alle anderen Israeliten. Doch sie nutzen den Einfluss, den sie von Berufs wegen haben, und retten den hebräischen neugeborenen Jungen das Leben, indem sie sie leben lassen – entgegen dem Befehl des ägyptischen Königs. So leisten sie Widerstand in einem gottlosen, antisemitischen System.

Sie zeigen auch keine Angst dem Pharao gegenüber, als er sie zur Rede stellt, warum sie die Babys leben lassen. Im Gegenteil: Sie rühmen die Stärke der Israelitinnen bei der Geburt: »*Die hebräischen Frauen sind nicht wie die ägyptischen, denn sie sind kräftige Frauen. Ehe die Hebamme zu ihnen kommt, haben sie geboren.*« (2. Mose 1,19 LUT)

Für diese Antwort brauchen sie Weisheit. Sie antworten nicht direkt auf die Frage des Pharaos, lügen ihn auch nicht an, sondern halten ihm die Fähigkeiten, Vorzüge und körperlichen Ressourcen der Hebräerinnen vor Augen. Der Mut und die Weisheit der Hebammen wird von Gott belohnt: Er tut ihnen Gutes und segnet sie – mitten in der Knechtschaft in Ägypten, trotz allem! *Darum tat Gott den Hebammen Gutes. Und das Volk mehrte sich und wurde sehr stark. Und weil die Hebammen Gott fürchteten, gab er auch ihnen Nachkommen.* (2. Mose 1,20-21 LUT)

Der Pharao realisiert, dass er so nicht weiterkommt. Darum ändert er seinen Plan und trifft eine grausame Entscheidung: *Da gebot der Pharao seinem ganzen Volk und sprach: Alle Söhne, die geboren werden, werft in den Nil, aber alle Töchter lasst leben.* (2. Mose 1,22 LUT)

Doch auch in dieser scheinbar aussichtslosen Lage werden wieder Frauen aktiv, um Leben zu retten, so wird es in 2. Mose 2,1-10 anhand der Geschichte von Mose und seiner Familie erzählt: Mose wird als drittes Kind geboren. Sein Vater Amram und seine Mutter Jochebed haben schon eine Tochter und einen Sohn: Mirjam und Aaron[20] (4. Mose 26,59).

Die Familie von Mose steht doppelt unter Druck: Zum ei-

---

20 Aaron ist drei Jahre älter als Mose (vgl. 2. Mose 7,7).

nen befinden sie sich in der Knechtschaft in Ägypten; anderseits droht ihrem neugeborenen Sohn der Tod, weil der Pharao will, dass alle hebräischen Söhne, die auf die Welt kommen, in den Nil geworfen werden.

Der Name Jochebed bedeutet »JHWH ist Gewichtigkeit/ Wucht«. In der Tat ist es eine »Wucht«, wie Gott mithilfe von Jochebeds kreativer Weisheit sowie durch die Wachsamkeit der Schwester den drei Monate alten Mose rettet!

Jochebed gehorcht äußerlich gesehen dem Befehl des Pharaos und »wirft« ihren Sohn in den Nil – allerdings in einem verpichten Binsenkörbchen. Automatisch drängt sich der Gedanke auf, ob die Mutter nicht bewusst genau diese Stelle am Nilufer auswählt, wo sie ihren Sohn im Schilf aussetzt, weil sie genau weiß, dass hier die königliche Tochter regelmäßig ein Bad nimmt. Ich kann mir gut vorstellen, dass Jochebed darauf gehofft hat, dass ihr Sohn auf diese Weise in gute Hände kommt. Tatsächlich läuft alles nach Plan und das Kind wird von der Tochter des Pharaos gefunden und aufgenommen.

Doch nun meldet sich die Schwester zu Wort. Sie scheint diesen Moment abgewartet zu haben und macht nun der Pharaonentochter das großzügige Angebot, für sie eine hebräische Amme zu organisieren, die das Kind stillt. Wie klug vorbereitet! Natürlich wird ihre Mutter diese Amme und wird sogar für ihre Aufgabe bezahlt, auch wenn sie die leibliche Mutter von Mose ist. Ob die Tochter des Pharaos wohl ahnt, was da gespielt wird? Vielleicht. Auf jeden Fall spielt sie bewusst oder unbewusst mit. Und ihr Mitleid für dieses Baby beweist, dass sie persönlich nicht hinter dem Befehl ihres Vaters steht.

Mich berührt, wie die Frauen Jochebed und Mirjam trotz

ihrer Gefangenschaft und mitten in der Bedrohung einen klaren Kopf bewahren, handlungsfähig sind und es bleiben. Mit Weisheit, Klugheit und Kreativität finden sie erstaunliche Lösungen, die staunen lassen, und setzen sie um. Sie leisten aktiven Widerstand auf so geniale Weise, dass ich als Leserin schmunzeln muss. Mich berührt auch, dass die Tochter des Pharaos den Mut hat, ihrem Vater passiven Widerstand zu leisten, indem sie einen hebräischen Knaben, den ihr Vater lieber tot sehen will, bei sich aufnimmt und adoptiert. – Hut ab!

Himmlische Wirk-Worte

Ich lasse folgende Aussagen von Jesus auf mich wirken und nehme wahr, was sie mit mir machen:
Darum sollt ihr vollkommen sein, wie euer himmlischer Vater vollkommen ist. (Matthäus 5,48 LUT)

Niemand kann zwei Herren dienen: Entweder er wird den einen hassen und den andern lieben oder er wird an dem einen hängen und den andern verachten. Ihr könnt nicht Gott dienen und dem Mammon (Geld). (Matthäus 6,24 LUT)

Sorgt euch zuerst darum, dass ihr euch seiner (Gottes) Herrschaft unterstellt, und tut, was er verlangt, dann wird er euch schon mit all dem anderen versorgen. (Matthäus 6,33 GNB)

Es werden nicht alle, die zu mir sagen: »Herr, Herr!«, in das Himmelreich kommen, sondern die den Willen tun meines Vaters im Himmel. (Matthäus 7,21 LUT)

In meiner Bibel befindet sich seit Jahren ein Zettel (leider mit dem Vermerk »Verfasser unbekannt«), auf dem Folgendes steht, was ich voll und ganz unterschreiben kann:

Die Bergpredigt ist nicht zu haben ohne den Bergprediger und schon gar nicht zu erfüllen ohne ihn.
Ihre heimliche Mitte ist der Grundsatz: »Wie Gott mir, so ich dir!«
Das »Wie Gott mir« aber erfahre ich nur
in der Begegnung mit dem lebendigen Jesus
und nur so und nur dann erschließt sich mir auch
die Möglichkeit eines neuen Handelns.
Dieses neue Handeln aber führt unter den Bedingungen dieser Weltzeit,
wie bei Jesus und mit ihm, in den Tod!
Freilich auch zur Auferstehung der Toten!
Es ist überhaupt der »Ausweg« aus dem Tod ins Leben!
Für diese Welt und Zeit und für die Ewigkeit!
Nach der Bergpredigt zu leben, ist aber keine menschliche Möglichkeit.
Es ist – wie diese selbst – Gottes Geschenk in Jesus Christus.
Und Geschenke wollen erbeten sein!

Diese Worte gelten aus meiner Sicht nicht nur für die Bergpredigt, sondern für die ganze Bibel.

Und was sollen wir nun tun?

Jesus lädt uns zu sich ein, damit wir von ihm lernen

und durch ihn eine neue Einstellung und Sicht bekommen. Er sagt: *Kommt alle her zu mir, die ihr müde seid und schwere Lasten tragt, ich will euch Ruhe schenken. Nehmt mein Joch auf euch. Ich will euch lehren, denn ich bin demütig und freundlich, und eure Seele wird bei mir zur Ruhe kommen.* (Matthäus 11,28-29 NLB)

Und diese neue Einstellung und Sicht ermutigt, motiviert und setzt neue Kraft frei – vielleicht sogar, um über »Mauern« zu springen: über Mauern der Angst, der Sorge, der Entmutigung, denn: *Denn mit dir kann ich meinen Feinden entgegenstürmen, mit meinem Gott kann ich über Mauern springen.* (Psalm 18,30 NGÜ)

So darf ich mich immer wieder neu auf das ausrichten, was ermutigt und hilft, und vor allem: den Blick auf Jesus richten.[21]

Erfahrungen mitteilen

Manches braucht Zeit ...
In meinem bisherigen Leben musste ich vieles annehmen und akzeptieren lernen, wenn auch manchmal mit schwerem Herzen. Dinge zu akzeptieren, die nicht zu ändern sind, war ein Lernprozess.

Ich musste akzeptieren und annehmen, dass ich bereits mit 34 Jahren meinen Vater und mit 36 Jahren meine Mutter verlor.

---

21 Hebräer 12,2

Ich musste akzeptieren und annehmen, dass sich nach dem Tod meiner Eltern meine Familie »aufgelöst« hat und wir Geschwister uns im Streit getrennt haben.

Ich musste akzeptieren und annehmen, als unser ältester Sohn uns mitteilte, dass er homosexuell sei.

Ich musste akzeptieren und annehmen, dass unser jüngster Sohn der Kirche den Rücken kehrte und austrat.

In all diesen Situationen bat ich Gott um Unterstützung und Hilfe und habe ihm meine Sorgen übergeben. Allmählich konnte ich diese Situationen annehmen und akzeptieren, dass es nun so ist und es einen Sinn darin gibt, den ich nicht kenne. Heute kann ich mit diesen Tatsachen im Frieden leben.

Auf vieles konnte ich keinen Einfluss nehmen, habe mich aber mit meinen Schwestern versöhnt und so meinen Frieden gefunden.

In Bezug auf den jüngsten Sohn, der aus der Kirche austrat, habe ich festgestellt, dass er nicht »gottlos« ist, sondern sich sehr mit der Schöpfung beschäftigt, bewusst lebt, Nächstenliebe lebt und pflegt, sich respektvoll verhält und hilft, wo Hilfe nötig ist. Das sind die Eigenschaften eines guten Menschen. Gott wird seine Hand über ihn halten.

Bei unserem homosexuellen Sohn brauchte ich eine gewisse Zeit, bis ich das im Innersten akzeptieren konnte.

Veronika M.

Licht in meiner Dunkelheit
Zehn Tage vor meiner Hochzeit erfuhr ich, dass mein Verlobter mich auf verschiedene Arten hintergangen und betrogen hatte, worauf ich mich umgehend von ihm trennte. Drei Wo-

chen vor der vermeintlichen Hochzeit hatte ich obendrein noch erfahren, dass ich schwanger war – was ursprünglich auch so geplant gewesen war ... Doch diese Tatsachte machte nun die ganze Situation für mich sehr schwierig. Zu wissen, dass ich durch das Kind mein Leben lang an diesen Mann gebunden sein würde, löste in mir sehr viele negative Gefühle aus. Innerlich erlebte ich zu dieser Zeit einen sehr großen Zerbruch. Beim Gedanken daran, in ein paar Monaten eine alleinerziehende Mutter zu sein, suchte ich verzweifelt nach Zuneigung und Trost.

So ließ ich mich kurze Zeit nach der Trennung auf einen neuen Mann ein. Doch nach ein paar Monaten ging auch in dieser Beziehung immer mehr schief. Misstrauen, Betrug, Enttäuschung, Unsicherheit und Zweifel dominierten meinen Alltag. Schließlich kam es auch hier zu einer unschönen Trennung, wobei ich auch die erste Trennung nicht wirklich verarbeitet hatte.

Ich sah mich selbst nur noch als Opfer, was mich noch weiter hinunterzog. Das Erlebte ließ mich abstumpfen und ich war innerlich wie tot. Meine Seele schmerzte und weinte nur noch. Eines Tages konnte ich einfach nicht mehr. Die letzten zweieinhalb Jahre hatten mir alles genommen: Würde, Selbstwert, Vertrauen und Freude. Und in diesem Moment der Verzweiflung fiel mir ein, was meine Mutter immer wieder mal zu mir gesagt hatte: »*Versuche es doch mit Jesus, was hast du schon zu verlieren?*« Dazu muss man wissen, dass ich in einem christlichen Elternhaus aufgewachsen war, mich jedoch im Teenageralter vom Glauben entfernt hatte.

Doch an jenem Tag betete ich zu Gott, bat ihn, mir all meine Sünden und mein Abwenden von ihm zu vergeben. Dann lud ich Jesus ein, in mein Leben zu kommen. In diesem Moment empfing ich einen Frieden, wie ich ihn noch nie erlebt hatte. Meine Seele hörte auf zu weinen und ich erfuhr eine göttliche Ruhe.

Diese Entscheidung war der Beginn von vielen Veränderungen in meinem Leben. In meine Dunkelheit kam wieder Licht. Ich konnte meine Opferrolle mehr und mehr ablegen, da ich erkannte, dass auch ich meine Fehler hatte, an denen ich arbeiten musste.

Mein Leben war immer noch in vielerlei Hinsicht schwierig, doch ich musste nicht mehr alles allein tragen. Da war nun jemand, der mir half und mir noch immer hilft, meine Herausforderungen zu bewältigen.

Ich merkte auch zunehmend, wie wichtig gute Freunde und die Familie sind – jemand, der einen in den Arm nimmt, mit dem man lachen und weinen kann. Heute weiß ich, dass dies einen großen Teil zu einem guten Leben beiträgt. Vor allem auf meine Eltern war und ist stets Verlass. Sie hatten eine schwierige Zeit mit mir und doch haben sie mich immer geliebt. Das schätze ich sehr, bin enorm dankbar und sehe es nicht als selbstverständlich an. Wir unterstützen und ermutigen uns, wo wir können.

In schwierigen Lebenssituationen ist meiner Meinung nach eine neutrale Vertrauensperson am hilfreichsten, die eine ähnliche Situation erlebt hat, da man sich dann am besten verstanden fühlt. Ich hatte dies leider nicht. So rief ich mit meiner Mutter und zwei weiteren Frauen ein Projekt ins Leben, bei dem wir Frauen in schwierigen Lebensumständen begleiten und ermutigen. Es freut mich sehr, dass Gott mich und meine Geschichte so nutzen kann, anderen etwas Gutes zu tun.

Mir selbst fiel es lange Zeit schwer, andere Menschen um Hilfe zu bitten. Da ich alleinerziehend und arbeitstätig war, wurde ich immer von allen bewundert und gelobt, wie stark ich doch sei und wie gut ich alles meisterte. Dies stand mir dann immer wieder mal im Weg. Ich musste lernen, mir einzugestehen, dass auch ich nur ein Mensch und keine Superheldin bin. So lernte ich meinen Stolz abzulegen und um Hilfe zu fragen, denn es ist keine Schwäche.

Ich fand auch meinen Selbstwert wieder, der mir durch schlechte Beziehungen und Erfahrungen geraubt worden war. Meiner Meinung nach trägt die Kindheit (was die Eltern ans Kind weitergeben) auch zu einem Teil zu einem gesunden Selbstvertrauen bei, damit ein Mensch den eigenen Wert erkennen und danach leben kann. Ich erlebe immer wieder, wie viele Menschen ihren Selbstwert von der Meinung und Behandlung anderer oder von ihrem Status in der Gesellschaft abhängig machen, so wie auch ich früher. Doch in den letzten Jahren durfte ich meinen Selbstwert in der Identität in Gott wiederfinden. In schwierigen Situationen halte ich mir das immer wieder vor Augen, dass mein Wert z. B. nicht von einem Nein eines Mannes definiert und abhängig ist, sondern allein davon, wie Gott mich sieht. Das hilft mir immer wieder sehr, nicht in Gedanken von Selbstzweifeln abzudriften.

In meiner immer wieder herausfordernden Lebenssituation ist meine größte Kraftquelle der Glaube an Gott. Dieser hilft mir, die Hoffnung zu behalten und das Gute zu sehen, egal wie die Situation auch aussehen mag. Ich halte mich an Gottes Verheißungen fest und am Glauben, dass Gott das Beste für mich und meine Tochter möchte und dass sich dies erfüllen wird. Gottes Zeitplan ist nicht unser Zeitplan ... Daher liebe ich den Spruch: »*Das Beste braucht mehr Zeit als das Gute.*«

Fabienne Ruckstuhl

Du bist meine Kraft!
Lange Zeit verharrte ich in einer Opferhaltung gegenüber meinen Schmerzen und meiner Umstände. Mein Fokus lag auf den Schmerzen und dadurch, dass diese immer schlimmer wurden, hatte bald nichts anderes mehr Platz. Ich badete in Selbstmitleid und hatte tatsächlich das Gefühl, dass es alle anderen so einfach haben im Leben, nur ich nicht. Ich sah nur noch das Schwierige und die Not anderer Menschen hatte wenig bis keinen Platz.

Die Gedanken spielen eine große Rolle. Ich habe inzwischen gelernt, negativen Gedanken bewusst weniger Platz zu geben, sie auszutauschen mit guten Gedanken oder einem Bibelvers. Wenn ich z. B. merke, dass ständig der Gedanke kommt: »*Das wird nie besser, du wirst immer in dieser Situation stecken bleiben*«, dann wiederhole ich immer wieder einen kurzen kraftvollen Bibelvers, beispielsweise: »*Der Herr ist mein Hirte, mir wird nichts mangeln*« oder »*Ich liebe dich, Herr, du bist meine Kraft*«. Es klappt nicht immer gleich gut, manchmal schaffe ich es auch nicht oder heule mich bei Gott aus, aber auch das tut gut und hilft dabei, den Fokus wieder anders zu setzen.

Deborah Keller

Mit Gott im Gespräch

Stell dir vor, es ist Sprechstunde bei Gott und du gehst hin.
Du trittst ein.
Ein warmes, angenehmes Licht heißt dich willkommen,
lädt dich ein, Platz zu nehmen.
Das tut gut.
Gott kommt zu dir, sieht dich an. »*Ja, bitte?*«

»Alles ist so schwer! Wie lange soll das noch so weitergehen? Was sagt eigentlich die Bibel zum Umgang mit schlimmen Zeiten?«

»*Sie lädt dich ein hinzuschauen, wie es die Menschen vor dir ge-macht haben,*
und von ihnen zu lernen«, erklärt dir Gott.

Du stutzt. »Von ihnen lernen? Bei denen ging ja fast alles gut aus. Heile Welt. Kein Wunder, dass für viele Menschen von heute die biblischen Geschichten wie Märchen klingen.«
Jetzt stutzt Gott: »*Wie kommst du denn darauf?*«

»Na, lies doch mal die alten Texte! *Noah* wird gerettet. *Abraham* bekommt sein Wunschkind. *Josefs* Familiendrama endet auf rosaroten Wolken: Alle treffen sich wieder. Das *Volk Israel* kommt ins verheißene Land. *Daniel* wird in der Löwengrube verschont ... *Kranke* werden gesund. *Tote* werden wieder lebendig.«

»Und was meinst du, wie es Noah und seine Familie 370 Tage im Lockdown der Arche aushielten? Was half Abraham und Sarah, jahrzehntelang kinderlos zu sein? Wie konnte Josef seinen Abstieg bis ins Gefängnis ertragen? Wie erduldete Mose das murrende Volk während der 40-jährigen Wüstenwanderung? Was gab Daniel und seinen Freunden Kraft, mir treu zu bleiben trotz Androhung der Todesstrafe?«

Dann hält dir Gott seine Brille hin.

»Hier«, sagt er, *»schau da mal durch.«*

Du setzt seine Brille auf und siehst alles aus einer anderen Sicht –

aus Gottes Perspektive:

Du siehst Noah, Abraham und Sarah. Du erkennst Josef, Mose, Daniel und viele andere – eine Wolke von Zeugen; eine Schar von Glaubensvätern und -müttern.

Du siehst auch die Tränen, das Leid, die Verzweiflung und das Murren.

Du siehst aber auch den Glauben, das tiefe Gottvertrauen, das Hoffen und Aushalten. Du siehst die Tränen, du hörst die Hilferufe und Gebete.

Und alle diese Menschen siehst du in Gottes Händen aufgehoben – alle!

Als du Gott die Brille zurückgibst, fällt dein Blick auf seine Handflächen.

Etwas steht darin geschrieben:

Es ist dein Name.[22]

---

22 Jesaja 49,16 HFA: »Unauslöschlich habe ich deinen Namen auf meine Handflächen geschrieben.«

ANgeDACHT

Kommt her zu mir, alle, die ihr mühselig und beladen seid; ich will euch erquicken. (Matthäus 11,28 LUT)

Jesus ermöglicht den Menschen eine neue Sicht auf Gott, auf sich selbst und auf das Leben. Er lädt immer wieder dazu ein, zu ihm zu kommen, bei ihm zur Ruhe zu kommen, innezuhalten, Pause zu machen, aufzutanken und sich von ihm ganz neu inspirieren zu lassen.

Welche Lasten trage ich gerade oder seit Tagen, vielleicht schon seit Wochen, Monaten oder Jahren? »Nur« meine eigenen oder auch die Lasten anderer? Und was drückt tatsächlich nieder? Die Last oder mein Umgang damit? Habe ich den Eindruck, ich müsste alles allein tragen oder gar die Welt retten?

Wie auch immer meine Lasten und Belastungen im Moment aussehen – die Einladung von Jesus gilt auch mir und dir: *Kommt her zu mir, alle, die ihr mühselig und beladen seid, ich will euch erquicken!*

Das Wort, das im Urtext für »erquicken« verwendet wird, heißt »anapauso«. Wir hören vermutlich gleich das Wort »Pause« und sehen vielleicht eine Hängematte oder einen Liegestuhl in schöner Umgebung vor uns ... Warum auch nicht?

»Anapauso« meint: erfrischen, neue Kraft tanken, eine Pause machen, etwas in Ordnung bringen, wiederherstellen, wieder fest gründen, wieder in die Ruhe bringen – und dies nicht nur einmal, sondern immer wieder, regelmäßig.

Jesus sagt: »*Kommt her zu mir, ihr alle, die ihr euch abmüht, schwere Lasten tragt und müde seid. Bei mir dürft ihr immer wieder Pause machen, zur Ruhe kommen und eure Kraft erneuern! Ich will euch wiederherstellen, damit ihr fest gegründet seid.«*

Jesus sagt aber noch mehr: Er bietet uns an, als Weggefährte mit uns unterwegs zu sein und uns zu entlasten, denn geteilte Last ist halbe Last. Er will uns als Vorbild dienen in unserem Sein und Wirken, auch im Blick für die Realität und im Auftanken und Kraftschöpfen bei Gott. Vor Jesus dürfen wir unsere Situation reflektieren, von ihm dürfen wir uns eine neue Perspektive für unsere Realität schenken lassen und alles aus seiner Sicht betrachten. Bei ihm dürfen wir uns auch ausrüsten lassen und stärken, um anders mit uns selbst, mit Menschen in unserem Umfeld oder mit Verhältnissen und Umständen umzugehen.

Es ist, als ob Jesus uns zuspricht: *»Komm zu mir und halte inne. Lege eine Rast ein und komm zur Ruhe. Denke in Ruhe und zusammen mit mir nach. Lass dir alles durch Kopf und Herz gehen. Komm mit mir darüber ins Gespräch. Lass dir eine neue Sicht zeigen, eine veränderte Einstellung schenken, eine andere Perspektive. Lerne bei mir. Lerne von mir. Lerne zusammen mit mir – dazu gehören auch Auszeiten, Rückzug in die Stille, Zweisamkeit mit Gott.«*

Wenn das kein Angebot ist! Was hindert mich daran, gerade jetzt eine Pause bei und mit Jesus einzulegen?

Jesus spricht: *»Kommt alle her zu mir, die ihr euch abmüht und unter eurer Last leidet! Ich werde euch Ruhe geben. Vertraut euch meiner Leitung an und lernt von mir, denn ich gehe behutsam mit euch um und sehe auf niemanden herab. Wenn ihr das tut, dann findet ihr Ruhe für euer Leben.«* (Matthäus 11,28-29 HFA)

Gebet

Jesus, du sagst:
»Kommt her zu mir – ALLE –
alle ihr Beladenen, Müden, Erschöpften, Leidenden –
Ich will euch erquicken!«

Ja, das brauchen wir alle:
Ermutigung, innere Stärkung ...
Doch:
Woher sollen wir wissen,
ob die Kraft von heute auch für morgen reicht?
Wo können wir Kraft schöpfen?

Es gibt einen Ort:
Bei dir ist der Ort –
du selbst bist dieser Ort, Jesus!

Wir ALLE dürfen zu dir kommen – auch ich –
mit ALLEN Lasten!

Bei dir finde ich Ent-Lastung,
komme zur Ruhe,
darf sein.

Bei dir finde ich
die Weisheit zu unterscheiden,
wann es Zeit ist
zum Schweigen oder Ruh'n
zum Reden oder Tun.

Bei dir finde ich eine neue Sicht –
deine Sicht.

So komme ich
mit allem
zu dir!
AMEN

KAPITEL 5

Ressourcen entdecken

R wie Ressourcen, Rückhalt in Beziehungen,
Ressource soziales Netzwerk und Ruf
nach Unterstützung

Ressourcen sind Kompetenzen und Fähigkeiten, die uns zur Verfügung stehen und die uns in unterschiedlichsten Lebensumständen und Situationen helfen können. Im Begriff Ressource steckt das Wort »source«, was Quelle bedeutet. In uns allen schlummern Kraftquellen, auf die wir im Alltag und auch in Schwierigkeiten zurückgreifen können. Es gibt vielfältige Ressourcen, von denen jeder Mensch in seinem Leben die unterschiedlichsten Ausprägungen hat – bewusst oder unbewusst. Charakterressourcen sind Stärken der Persönlichkeit, zum Beispiel Geduld, Gerechtigkeitssinn, Gelassenheit ... Ein gesunder Selbstwert ist eine psychische Ressource. Auch eine positive Grundeinstellung sich selbst und dem Leben gegenüber sowie eine bestimmte innere Haltung kann eine Ressource sein, die hilft, etwas auszuhalten oder so anzunehmen, dass es weniger Kraft und Nerven kostet.

Es gibt hilfreiche, stabilisierende und ebenso lebenshemmende Glaubenssätze. Wenn ein Mensch nach dem Motto lebt: »Es geht sowieso alles schief«, dann ist es nicht verwunderlich, wenn ihm nach seinem Glauben geschieht. Wenn ein Mensch ein Grundvertrauen ins Leben zeigt und davon überzeugt ist, dass es eine Lösung geben und dass die Krise eines Tages vorübergehen wird, wird er dies vermutlich auch so erleben, weil seine Sicht von Zuversicht geprägt ist.

Wir alle haben angeborene Fähigkeiten und Gaben, aber auch im Laufe der Jahre erlernte Fertigkeiten, die im Alltag nützlich sind. Oft haben unsere besonderen Fähigkeiten etwas mit unseren Hobbys zu tun, also mit dem, was uns Freude macht und wobei wir uns erholen und auftanken. Wenn wir dann in einer Herausforderung oder Krise auf unsere Fähigkeiten zugreifen und sie in dieser Situation einsetzen können, dann sind wir mit unseren Ressourcen – unseren inneren Quellen – verbunden. Sie helfen uns, die Widrigkeiten des Lebens durchzuhalten und eine Krise gesund und innerlich stabil zu überstehen.

Um unseren Ressourcen auf die Spur zu kommen, können wir uns persönlich fragen: Wofür schlägt mein Herz? Was mache ich gerne? Was macht mir Freude?

Welche Stärken, Fähigkeiten, Ressourcen habe ich, die mir Kraft geben und helfen, mit Schwierigkeiten umzugehen oder diese auszuhalten?

Eine ganz besonders wertvolle Ressource sind unsere »Sozialressourcen«, d. h. unser soziales Beziehungsnetz. Darum möchte ich den Schwerpunkt dieses Kapitels auf das Thema Freundschaft und Beziehungen legen. Im anschließenden Kapitel 6 geht es dann insbesondere um die Kraftquelle Spiritualität.

Zu Sozialressourcen gehören Menschen wie Familienangehörige und Freunde, die uns in Problemen und Schwierigkeiten beistehen und unterstützen. Kontakte und Gemeinschaft gehören ebenso zum Bereich der Sozialressourcen, denn sie bewahren davor, dass ein Mensch vereinsamt. Echte Beziehungen halten, sind verbindlich und verlässlich. Leider ist es so, dass wir oft erst in Krisen die Erfahrung machen, wer ein wirklicher Freund, wer eine echte Freundin ist. Und auch die eigene Familie und Verwandtschaft lernt man erst dann so richtig kennen. Wenn man in Beziehungen Rückhalt und Unterstützung findet, dann ist das Gold wert!

Schon im Buch der Sprüche wird festgestellt: *Ein Freund liebt allezeit und ein Bruder wird für die Not geboren.* (Sprüche 17,17 LUT) *Es gibt Allernächste, die bringen ins Verderben, und es gibt Freunde, die hangen fester an als ein Bruder.* (Sprüche 18,24 LUT)[23]

Ein Freund, eine Freundin ist eine Person, die mir viel bedeutet und zu der ich eine besondere und enge Beziehung pflege, die auf Gleichwertigkeit, gegenseitiger Zuneigung, Vertrauen und Wertschätzung gründet. Mit einem Freund, einer Freundin fühle ich mich innerlich verbunden. Freundschaft ist nie erzwungen, sondern immer freiwillig und selbst gewählt. Natürlich kann sich Freundschaft auch unter Verwandten und Familienangehörigen entwickeln, obwohl man diese Menschen nicht selbst ausgesucht hat (außer dem Partner oder der Partnerin).

Wo jemand mindestens eine verlässliche Bezugsperson im Leben hat, die zu ihm steht, die ihn akzeptiert, unterstützt und fördert, ist diese Erfahrung ein wertvolles Fundament, um Krisen zu bestehen. Wir alle brauchen einen Menschen im Leben, der uns zur Seite steht und uns begleitet. Hilfe kommt aber nicht immer automatisch. So braucht es auch den Ruf nach Unterstützung, d. h. die Fähigkeit, um Hilfe bitten und Hilfe in Anspruch nehmen zu können.

---

23 Vgl. auch Sprüche 27,10

Doch es ist ein Bedürfnis des Menschen, die Kontrolle über sich und seinen Körper zu haben sowie seine Selbstbestimmung zu behalten. Das gehört zum Menschsein dazu. Wir alle wollen ja gerne selbst für uns sorgen können, selbst essen, selbst den eigenen Körper pflegen, selbst unterwegs sein, wirken, handeln. Umso schwieriger ist es, wenn auf einmal ein Schicksalsschlag, eine Diagnose, eine Krankheit, eine Krise einen Strich durch die Rechnung macht und ein Mensch die Kontrolle verliert. Was dann? Was, wenn wir auf einmal auf Hilfe angewiesen sind?

Wie gut, wenn man dann im Lauf des Lebens bereits gelernt hat, um Hilfe zu bitten und sich auch helfen zu lassen – und das nicht erst dann lernen muss, wenn es nicht mehr anders geht!

Ich frage mich: Welche Menschen habe ich in meinem Umfeld, die verlässlich und hilfsbereit sind? Wen darf ich um Hilfe bitten? Wen kann ich mit Überzeugung Freund oder Freundin nennen? Wem bin *ich* ein echter Freund, eine gute Freundin?

Ein-Blick in die Bibel

Die Bibel ist voller Beispiele im Zusammenhang mit Ressourcen, Gaben und Fähigkeiten, die in unterschiedlichsten Herausforderungen helfen. Es lohnt sich, selbst auf Entdeckungsreise zu gehen und in der Bibel nach Ressourcen zu graben.

Abraham hat die Stärke, auf etwas zu verzichten und anderen den Vortritt zu lassen. So kann er seinem Neffen Lot das bessere Land überlassen, ohne dass er das Gefühl hat, zu kurz zu kommen – und Gott segnet ihn dafür reichlich. (1. Mose 13)

Josef hat von Gott die Gabe, Träume zu deuten. Diese Gabe hilft ihm im Gefängnis und vor dem Pharao. (1. Mose 40-41)

Aaron, der Bruder von Mose, kann gut reden und ist sprachgewandt. So wird er von Gott für Mose als Sprecher eingesetzt und unterstützt seinen Bruder in verschiedensten Situationen. (2. Mose 4,14-16)

Mose hat ein großes Herz und steht vor Gott immer wieder für das widerspenstige und murrende Volk Israel ein. So manches Mal stimmt er Gott um und wendet großes Unheil von den Israeliten ab. (z. B. 4. Mose 14) Überhaupt braucht Mose einen langen Atem und viel Geduld, um das murrende Volk vierzig Jahre lang zu ertragen und zu leiten.

Jitro, Moses Schwiegervater, ist ein Organisationstalent und unterstützt Mose darin, seine Arbeit zu delegieren und besser einzuteilen. (2. Mose 18)

Gideon hat Ressourcen, die er erst noch entdecken soll, aber Gott traut ihm schon vorher Großes zu: *Geh hin in dieser deiner Kraft!* (Richter 6,14 LUT)

Ich denke auch an *David* und seine musikalischen und dichterischen Gaben sowie an seine Fähigkeiten und Fertigkeiten im Umgang mit Schafen und im Kampf gegen Feinde. (1. Samuel 16-17)

Salomos Weisheit bewirkt viel Gutes, solange er mit Gott verbunden bleibt. (1. Könige 3)

Jesus vereint alle Ressourcen und Fähigkeiten in sich. Letztendlich lebt er jedoch aus der Verbundenheit zu seinem himmlischen Vater, der Lebensquelle, die ihn nährt und aus der heraus er redet und wirkt.

Paulus gibt uns schließlich einen Einblick in seine Ressourcen, die nicht angeboren sind, sondern die er sich sowohl in guten als auch in schlechten Zeiten angeeignet und letztlich von Gott bekommen hat: *Ich habe gelernt, mir genügen zu lassen, wie's mir auch geht. Ich kann niedrig sein und kann hoch sein; mir ist alles und jedes vertraut: beides, satt sein und hungern, beides, Überfluss haben und Mangel leiden; ich vermag alles durch den, der mich mächtig macht.* (Philipper 4,11-13 LUT)

Rückhalt in Beziehungen: Freundschaft
Wenn ich mich in der Bibel auf die Suche nach dem Thema Freundschaft begebe, so fällt mir zunächst auf, dass es kein eigenes Wort für »Freund« gibt. Es werden andere Begriffe verwendet, um Freundschaft zu beschreiben. Dies zeigt, dass ein Freund oder eine Freundin nicht in einen Begriff gepresst werden kann, sondern dass Freundschaft nur *erfahren* werden kann – mit dem ganzen Menschen, mit Leib, Seele und Geist und mit dem Herzen.

Mose hatte eine tiefe Beziehung mit Gott und Gott redete mit ihm wie mit einem Vertrauten. In 2. Mose 33,11 (LUT) heißt es: *Der HERR aber redete mit Mose von Angesicht zu Angesicht, wie ein Mann mit seinem Freund redet.*

Der Begriff, der hier für Freund verwendet wird, bedeutet *Stammesgenosse, Volkgenosse, Standesgenosse, naher Verwandter, Freund, Nachbar, Gegenüber.* Im Wort enthalten ist auch das *Wollen*, das *Streben* und die *Gedanken*.

Gott redet mit Mose von Angesicht zu Angesicht. Er spricht mit Mose als Gegenüber, auf Augenhöhe (vgl. 1.

Mose 1,26-27). Gott will mit Mose sprechen. Sein Bestreben ist, ihn an seinen Gedanken teilhaben zu lassen. So ist es auch bei Abraham. Er wird vom Apostel Jakobus »Freund Gottes« genannt (Jakobus 2,23) mit Verweis auf Jesaja 41,8. Doch dort wird Abraham sogar als *Geliebter* Gottes bezeichnet! Gott hat auch bei Abraham das Bedürfnis, ihm seine Gedanken und Pläne mitzuteilen: *Wie könnte ich Abraham verbergen, was ich tun will!* (1. Mose 18,17 LUT)

Ebenso ist in Psalm 25,14 von Freundschaft mit Gott die Rede, zumindest gemäß der Übersetzung »Neues Leben. Die Bibel«: *Die Freundschaft mit dem Herrn gebührt denen, die ihn ernst nehmen. Er lässt sie wissen, wozu sein Bund mit ihnen da ist.*

Freundschaft hält der HERR mit denen, die ihn fürchten … So übersetzt die Menge-Bibel dieses Psalmwort.

Wenn ich das hebräische Wort für Freund, das an dieser Stelle verwendet wird, suche, dann stoße ich auf einen ganz anderen Begriff, nämlich »sod«. Dieses Wort beschreibt ein *vertrautes Gespräch*, eine *gemeinsame Beratung*, einen *Plan*, ein *Geheimnis* sowie einen *Kreis von zusammensitzenden Menschen*.

Und so geben die anderen Übersetzungen Psalm 25,14 ganz anders wieder, ohne das Wort »Freund« zu verwenden. Zugleich beschreiben sie aber, was zu Freundschaft gehört, nämlich *Vertrauen und Vertrautheit*:

Der Herr zieht die ins Vertrauen, die in Ehrfurcht vor ihm leben. (NGÜ)

Des HERRN vertraute Besprechung für die, die ihn fürchten … (Erklärung der ELB)

Das Geheimnis des HERRN ist für die, welche ihn fürchten. (SLT)

Alle, die den Herrn ernst nehmen, zieht er ins Vertrauen und enthüllt ihnen das Geheimnis seines Bundes. (GNB)

So wird die Freundschaft mit Gott und Gott als Freund beschrieben. Das griechische Wort (»philos/filos«) bedeutet als Adjektiv *geliebt, wert, teuer, liebend, freundschaftlich gesinnt, zugetan*. Das Nomen heißt entsprechend *Freund* bzw. *Freundin*.

In der griechischen Sprache bezeichnet *Philia* die freundschaftliche Liebe. Sie ist die Liebe zwischen Freunden, aber auch zwischen Ehegatten, die auf Wertschätzung, tiefer Freundschaft, liebevoller und herzlicher Zuneigung sowie auf Gegenseitigkeit beruht. Man teilt das Leben miteinander.

Jesus sagt in Johannes 15,13 (LUT), wozu ein echter Freund sogar bereit ist: *Niemand hat größere Liebe als die, dass er sein Leben lässt für seine Freunde.* Freunde stehen füreinander ein, auch im Tod. Und Jesus macht nicht einfach große Worte, sondern er lebt diesen Satz selbst vor und gibt sein Leben hin für seine Freunde – auch für uns.

Freunde und Freundschaften in der Bibel

Hiob hat »Freunde«, die ihn in seiner Not besuchen kommen und erst einmal mit ihm schweigen, weil sie von seinem Elend zutiefst erschüttert sind. (Hiob 2,11-13) Doch als sie ihm dann ihre Weisheiten und Argumente überstülpen, sind sie wenig hilfreich. (Hiob 42,7) Am Ende vom Hiob-Buch tritt Hiob für seine Freunde ein und bittet für sie vor Gott (Hiob 42,8-10).

Zwischen *Noemi* und ihrer Schwiegertochter *Rut* entwickelt sich eine tiefe Freundschaft und Verbundenheit, die über jegliche Verwandtschaftsverhältnisse hinausgeht. (vgl. z. B. Rut 1,16-17)

Die Weisheitsliteratur gibt zahlreiche Hinweise zum Thema Freundschaft. Auch wenn die Apokryphen nicht zum Kanon der Bibel gehören, so hat Luther sie doch als Lektüre empfohlen. Das Buch Jesus Sirach ist ein wertvoller Ratgeber im Umgang mit Freunden. *Ein treuer Freund ist ein wahrer Schutz; wer den findet, der findet einen großen Schatz.* (Jesus Sirach 6,14 LUT)

David und *Jonatan*, der Sohn von Saul, erleben eine tiefe Freundschaft – eine Freundschaft fürs Leben. Es wird von ihnen sogar eine Seelenverbundenheit berichtet (1. Samuel 18,1-4; vgl. 2. Sam 1,26): Jonatan steht David treu zur Seite. Er weiß, dass David der Gesalbte Gottes ist und nach Saul König werden wird, weil Gott es so will. Jonatan, der rechtmäßige Thronfolger von Geburt an, hätte auf David eifersüchtig sein und ihm nach dem Leben trachten können, so wie es sein Vater Saul die meiste Zeit tat. Aber Jonatan ist anders. Er erkennt Gottes Plan, sagt Ja dazu und kann so ein echter, wahrhaftiger Freund für David sein. Jonatan hat David sehr lieb (1. Samuel 19,1). So hilft er seinem Freund immer wieder und rettet ihm das Leben (1. Samuel 20). Die beiden schließen einen Bund der Freundschaft miteinander, jedoch immer mit Gott im Bund (1. Samuel 23,16-18).

David und Jonatan leben echte Freundschaft, die auf gegenseitigem Vertrauen gründet, die im Glauben an Gott verankert ist und so auch in Schwierigkeiten und Krisen hält.

Ihr seid meine Freunde ...
Jesus wird in den Evangelien als Menschenfreund dargestellt. Warum?

Jesus begegnet den Menschen auf Augenhöhe. Er nennt

seine Jünger Freunde und lebt selbst vor, was er unter Freundschaft versteht – bis zum Tod. Jesus bleibt treu, selbst wenn seine Freunde untreu werden und ihn im Stich lassen. Jesus vertraut seinen Jüngern und offenbart ihnen die Geheimnisse Gottes. Jesus beschenkt und versorgt seine Freunde, beispielsweise bei der Speisung der 5.000 oder als Auferstandener am Seeufer. Er begleitet und schützt sie, wie im Sturm auf dem See Genezareth.

Jesus geht auch auf Menschen zu, die eigentlich zu den Außenseitern zählen, und begegnet ihnen freundschaftlich. Dazu sagt er: *Wenn ihr die liebt, die euch lieben, welchen Dank habt ihr davon?* (Lukas 6,32 LUT) Jesus wird als Freund der Sünder und Zöllner bezeichnet (Matthäus 11,19; Lukas 7,34). Jesus verurteilt nicht, sondern verhilft zum Leben (Johannes 8,1-11).

Neben seinen Jüngern hat Jesus noch weitere Freunde. Erwähnt werden die drei Geschwister *Lazarus*, *Marta* und *Maria*. Lazarus bezeichnet Jesus ausdrücklich als Freund (Johannes 11,11). Er ist oft zu Gast bei den drei Geschwistern und hat mit ihnen einen vertrauten Umgang. Er führt mit ihnen persönliche Gespräche, und als Lazarus stirbt, weint Jesus um ihn. Doch er weckt ihn wieder von den Toten auf (Lukas 10,38-42; Johannes 11).

Johannes ist derjenige unter den zwölf Jüngern von Jesus, der vermutlich die engste, vertrauensvollste Beziehung zu Jesus hat. In seinem Evangelium bezeichnet er sich selbst als den »Jünger, den Jesus liebhat«: *Es war aber einer unter seinen Jüngern, der zu Tische lag an der Brust Jesu, den hatte Jesus lieb* (Johannes 13,23 LUT; vgl. 19,26; 20,2; 21,20). Diese Freundschaft ist so tief, dass Johannes Jesus sogar noch am Kreuz beisteht.

Sowohl das Johannesevangelium als auch die Johannes-
briefe sind in einer Sprache geschrieben, in der die Liebe und
Freundschaft mit Jesus bzw. Gott viel Raum einnimmt.

Jesus bietet seinen Jüngern seine Freundschaft an und
sagt ihnen, was er sich von ihnen wünscht, aber auch, was er
ihnen gibt. Seine Liebe und Freundschaft kommen zuerst: *Er
liebt, er bleibt in Gottes Liebe, er gibt sein Leben für seine Freunde, er nennt sie Freunde, er teilt Gottes Wahrheit mit, er erwählt
…* – Die Antwort, die er sich darauf wünscht ist: Liebe und
Freundschaft mit ihm (vgl. Johannes 15,9-17).

Sozialressourcen in der Bibel

Immer wieder werden in der Bibel Menschen erwähnt, die
Rückhalt durch Beziehungen erleben. So hilft beispielsweise
König David Mefi-Boschet (nach anderen Bibelübersetzungen: Merib-Baal), einem Sohn seines besten Freundes Jonatan, der an den Füßen gelähmt ist. David kümmert sich
um ihn, weil er Jonatan dieses Versprechen gegeben hat (2.
Samuel 9).

Die Propheten im Alten Testament rufen immer wieder
zu sozialer Gerechtigkeit auf. Wir alle sollen uns um unsere
Nächsten kümmern, Armen geben, Benachteiligten helfen.
Das ist die tatkräftige Liebe, die im Handeln am Nächsten
sichtbar wird.

Eine eindrückliche Geschichte ist die der vier Männer, die
einen gelähmten Freund zu Jesus bringen. Weil sie wegen
der Menschenmenge nicht durchkommen, steigen sie kurz
entschlossen aufs Hausdach, decken es ab und lassen den
Gelähmten an Seilen hinunter bis vor die Füße Jesu. Dieser Mann hat echten Rückhalt in seinen Beziehungen. Seine

Freunde stehen ihm tatkräftig zur Seite und bringen ihn direkt zum besten Arzt überhaupt. Und dort wird er geheilt – dank der Unterstützung, die ihm seine Freunde geben (Markus 2,1-12).

Erschütternd ist die Antwort eines anderen Gelähmten, der seit 38 Jahren krank ist. Er liegt am Teich Betesda. Als Jesus zu ihm kommt und ihn fragt, ob er gesund werden will, sagt er nicht Ja, sondern seine Antwort lautet: »*Herr, ich habe keinen Menschen ...*« Dann wird Jesus für ihn dieser Mensch, dieser Nächste, der Freund, der ihm hilft und ihn wieder aufrichtet (Johannes 5,1-9).

Auch die *Gemeinde* – die Gemeinschaft von Menschen, die im Glauben zu Geschwistern werden – kann für uns ein Ort sein, wo wir Rückhalt, Unterstützung, gute Beziehungen und Freundschaft erleben dürfen. Die erste Gemeinde, die aus dem Pfingstereignis entsteht, war ein solcher Ort (Apostelgeschichte 2,42-46). Von dieser Gemeinschaft der ersten Christen können wir heute noch immer viel lernen. Eine Gemeinde oder Gemeinschaft von Gläubigen kann eine geistliche Familie sein, in der Menschen Halt und Hilfe erfahren, ermutigt und gestärkt werden – und so wieder an innerer Stabilität gewinnen.

Himmlische Wirk-Worte

Die Weisheitsliteratur gibt zahlreiche Hinweise zum Thema Freundschaft: ein wertvoller Ratgeber, der auch heute noch hochaktuell ist. Das Buch Jesus Sirach gibt uns folgenden Hinweis über den Umgang mit Freunden:

Durch freundliche Worte gewinnst du viele Freunde und einleuchtende Rede verschafft dir ihre Zustimmung. Menschen, die dich grüßen, solltest du viele haben; aber als Ratgeber nimm nur einen unter tausend! Wenn du jemand zu deinem Freund machen willst, dann vertrau dich ihm nicht zu schnell an; finde zuerst heraus, ob er es verdient. Mancher ist dein Freund, solange es für ihn nützlich ist; aber sobald du in Schwierigkeiten gerätst, ist er nicht mehr da. Es gibt Freunde, die fangen Streit mit dir an und hängen es gleich an die große Glocke; dann kommst du ins Gerede. Es gibt Freunde, die mit an deinem Tisch sitzen, solange bei dir alles zum Besten steht. Sie folgen dir wie dein Schatten und befehlen deinen Dienern, als wären es ihre eigenen. Aber sobald du in Schwierigkeiten gerätst, verschwinden sie. Wenn es dir schlecht geht, wollen sie nichts von dir wissen und lassen sich nicht mehr sehen. Halte dich fern von deinen Feinden und nimm dich in Acht vor deinen Freunden!
Ein zuverlässiger Freund ist wie ein sicherer Zufluchtsort. Wer einen solchen Freund gefunden hat, der hat einen wahren Schatz gefunden. Er ist nicht zu bezahlen und mit nichts aufzuwiegen. Ein zuverlässiger Freund ist ein echtes Heilmittel; wer dem Herrn gehorcht, findet einen solchen Freund. Ein Mensch, der sich an den Herrn hält, kann auch rechte Freundschaft halten; denn der Freund, den er wählt, passt zu ihm.
(Jesus Sirach 6,5-17 GNB)

Jesus sagt:

»Wie mich der Vater geliebt hat, so habe ich euch geliebt. Bleibt in meiner Liebe! Wenn ihr meine Gebote haltet, werdet ihr in meiner Liebe bleiben, so wie ich immer die Gebote meines Vaters gehalten habe und in seiner Liebe bleibe. Ich sage euch das, damit meine Freude euch erfüllt und eure Freude vollkommen ist. Liebt einander, wie ich euch geliebt habe; das ist mein Gebot. Niemand liebt seine Freunde mehr als der, der sein Leben für sie hergibt. Ihr seid meine Freunde, wenn ihr tut, was ich euch gebiete. Ich nenne euch Freunde und nicht mehr Diener. Denn ein Diener weiß nicht, was sein Herr tut; ich aber habe euch alles mitgeteilt, was ich von meinem Vater gehört habe. Nicht ihr habt mich erwählt, sondern ich habe euch erwählt: Ich habe euch dazu bestimmt, zu gehen und Frucht zu tragen – Frucht, die Bestand hat. Wenn ihr dann den Vater in meinem Namen um etwas bittet, wird er es euch geben, was immer es auch sei. Einander zu lieben – das ist das Gebot, das ich euch gebe.« (Johannes 15,9-17 NGÜ)

Erfahrungen mitteilen

Geteiltes Leid ...
Wenn ich an Schwierigkeiten in meinem Leben denke, ist mein soziales Netzwerk die größte Ressource: Familie, Freunde, Freundinnen, Bekannte. Diese Ressource ist auch verknüpft mit der Kraftquelle Glauben, weil viele »meiner«

Leute für eine Situation mitbeten, die mich beschäftigt, wenn ich ihnen davon erzähle. Ich habe sechs »Gebetsschwestern« in meinem Leben: Wir haben einander versprochen, uns gegenseitig als »Notrufsystem« zur Verfügung zu stehen. Bei ihnen melde ich mich in Herausforderungen zuerst. Wenn mich Schwierigkeiten und Nöte aus meinem Umfeld beschäftigen, dann rede ich aber häufig mit recht vielen Menschen darüber. Vermutlich waren unsere Kinder durch die Jahre nicht nur glücklich, wenn ich ihre Probleme weitererzählt habe, aber für mich war es hilfreich: »Geteiltes Leid ist halbes Leid.« Nichts dagegen haben sie jedoch, wenn ich mit Gott darüber rede. Natürlich gehört auch er zu meinem Netzwerk – wenn ich es genau betrachte, ist er im Grunde derjenige, der einen großen Teil meines Netzwerks zusammenhält.

Bei Schwierigkeiten, die andere betreffen, fällt es mir leicht, zuversichtlich zu bleiben und praktische, lösungsorientierte Schritte zu sehen. Wenn es jedoch um mich selbst geht, dann sehe ich schnell schwarz oder möchte gar aufgeben. Dann brauche ich Menschen, die mir mit Humor und Ermutigung zur Seite stehen, um die Situation realistisch einzuschätzen. Auch Musik und Lieder, die Licht ins Dunkel bringen, tun mir gut.

Wenn eine Situation sehr schwierig ist und sich im Moment gar nichts daran ändern lässt, dann hilft es mir, ganz normale Tätigkeiten beizubehalten: regelmäßig und bewusst essen und ruhen (auch wenn Schlafen nicht immer gelingt), körperlich aktiv bleiben (z. B. mit einem Spaziergang an der Sonne oder ein paar Minuten auf meinem präventiv-medizinischen Minitrampolin). Schön ist es, wenn es mir auch in problembeladenen Situationen gelingt zu sehen, dass ich

jemand anderem irgendwie helfen kann. Wenn alles schief-
läuft, backe ich gerne ein Brot: Es riecht fein, schmeckt und
stärkt – tut also allen Sinnen gut!

U.R.

Eine Oma ist Gold wert!
Ich bin als Kind dem »natürlichen Glauben an Gott« begegnet und damit aufgewachsen. Damit meine ich, dass ich ohne
große Vorahnung, ohne Erklärungen, ohne Vorbereitung
einfach am Sonntag mit meiner Oma in die Kirche gegangen
bin, auf herrlichen Wegen über Wiesen und durch den Wald
und über den Friedhof. Der Herr Pfarrer an der Tür freute
sich immer, wenn ich dabei war.

Ich selbst freute mich auch auf diese feierliche, manchmal geheimnisvolle Stimmung. Auf meine kindlichen Fragen
über das Erlebte und über Gott erhielt ich von meiner Oma
einfache Antworten. Auch das Ritual des Gebets am Abend
im Bett, am Morgen und vor dem Essen war ganz einfach
selbstverständlich, aber sehr stark geprägt vom Leben und
vom Glauben an Gott. Als Einzige von sechs Geschwistern
ging ich ganz selbstverständlich mit meiner Oma in den
Gottesdienst. Der war damals weder kindgerecht noch pä-
dagogisch, abwechslungsreich oder innovativ, sondern ganz
dörflich korrekt, würdevoll und sehr respektvoll. Es gab
keine Spielecke, keine Kinderbücher zur Unterhaltung. Ich
fand das jedoch immer sehr feierlich und besonders und so
erlebte ich die Gottesdienste voller Ehrfurcht. Auch auf den
Friedhof begleitete ich meine Oma und pflegte mit viel Eifer
und Hingabe die Gräber der Verstorbenen.

Ich habe im Glauben an Gott im späteren Leben stets
Kraft und Halt gefunden und manche Lebenskrise – so auch

die lange Krankheit und den frühen Tod meines Ehemannes – besser überstanden.

Meine beste Freundin, die leider nicht gläubig ist, verlor ihre 21-jährige Tochter durch Krebs. Sie sagte zu mir, sie hätte gerne meinen Glauben – aber sie verstehe nicht, was das helfen könne ... Mir fiel nur ein zu sagen, dass auch ich nicht verstünde, warum Menschen leiden müssten, oft auch junge Menschen. Aber im Gegensatz zu ihr, meiner Freundin, sei ich nicht verbittert und voller Wut. Ja, sagte sie, gerne hätte ich deine Kraft, die du wohl durch Gott hast ...

In meiner schwersten Zeit habe ich mit Gott gehadert und hatte manchmal nicht die Kraft und auch nicht die Zeit oder den »Nerv«, um zu beten. Eine Freundin schrieb mir folgenden Ausspruch von Theodor Hacker: »*Lass niemals von Gott! Liebe ihn! Wenn du das im Augenblick nicht kannst, dann streite mit ihm, klage ihn an. Und rechte mit ihm wie Hiob, ja, wenn du das nicht kannst, lästere ihn, aber – lass ihn nie.*«

Daran denke ich oft und halte daran fest, wenn sich der Zweifel in mir regt.

Birgit Rey

Weiße Rosen im Auftrag Gottes

Es ist einfacher, gemeinsam durch Leid und Schwierigkeit zu gehen als allein. Wenn ich Menschen in meinem Umfeld habe, auf die ich zählen kann und die für mich im Gebet einstehen, die mich im Leid begleiten, dann stärkt das sehr!

Meine Eltern haben mich positiv geprägt, mich ermutigt und begleitet, auch als es darum ging, den Beruf zu lernen, den ich mir wünschte.

Mein Mann liebt mich bedingungslos und steht absolut hinter mir – egal wie die Umstände sind.

Verschiedene Freundinnen, die für mich beteten, sind für mich eine große Stütze. Eine Freundin begleitet mich seit vier Jahren sehr treu und erinnert mich daran, dass ich nicht im Schmerz drin stecken bleibe, sondern dass eine andere Zeit kommen wird in meinem Leben. Sie ermutigt mich immer wieder, nicht aufzugeben. Sie betet sehr viel für mich und bringt mir jede Woche weiße Rosen – dies sei ihr Auftrag von Gott an mich, sagt sie ... Mich berührt zutiefst, dass sie mich und meine Situation annimmt, wie sie ist, und trotzdem an das Gute darin glaubt. Sie muss nicht immer einen guten Ratschlag bereithalten, sondern darf auch einfach mit mir aushalten und für mich beten.

Ich glaube, vielen von uns fällt es grundsätzlich nicht leicht, Hilfe anzunehmen. Viel lieber wollen wir die Helfenden sein. Mir zumindest geht es so. Ich hatte große Mühe, Hilfe anzunehmen. Ich wusste, dass es anders nicht ging. Aber ich fühlte mich irgendwie schlecht und minderwertig dabei. Besonders wenn es um die Betreuung meiner Kinder ging, fiel es mir schwer, sie abgeben zu müssen, wenn mir die Kraft fehlte, mich um sie zu kümmern. Das tut weh. Ich musste aber lernen loszulassen. Ich bin jemand, der gerne die Kontrolle hat und alles im Griff hat, da ist es nicht leicht, etwas »aus der Hand« zu geben. Ich möchte auch niemandem zur Last fallen. Inzwischen sage ich lieber einmal mehr »Nein« zu etwas, das zu viel wird, oder eben »Ja gerne«, wenn es darum geht, dass jemand anders etwas machen kann.

Deborah Keller

Mit Gott im Gespräch

Stell dir vor, es ist Sprechstunde bei Gott und du gehst hin.
Du trittst ein.
Ein warmes, angenehmes Licht heißt dich willkommen,
lädt dich ein, Platz zu nehmen.
Das tut gut.
Gott kommt zu dir, sieht dich an. »*Ja, bitte?*«

»Ich habe keinen Menschen!24«, seufzt du.
Eine Decke von Traurigkeit und Einsamkeit legt sich auf
dich.

»*Wie meinst du das?*«
Gott schaut dich fragend an.

Dir kommen verschiedene Menschen in den Sinn.
»Ich habe keine echten Freunde.«
Nein, das sind wirklich keine wahren Freunde.

»*Sondern?*«, will Gott wissen.

»Verwandte, Bekannte und Nachbarn, Kolleginnen und Kol-
legen,
die mich ausnutzen, ausnehmen, ausbeuten.
Die nur sich selbst und ihre Bedürfnisse sehen.
Die am liebsten sich selbst reden hören,

_____

24 Johannes 5,7; vgl. Elia in 1. Könige 19,10 (»Ich bin allein übrig geblieben«, LUT)

aber kaum nach mir fragen und die Antwort gar nicht wissen wollen.
Die ihren Seelenmüll bei mir abladen
und, wenn sie entlastet sind, wieder gehen.«

»Und was wünschst du dir?«
Gott will es wirklich wissen.
Er ist an dir und deiner Sehnsucht interessiert!

»Wahre Freunde, ein echtes Miteinander ... Wir-Erfahrungen ...«

Da berührt Gott deine Augen und dein Herz.
»Das Wesentliche siehst du nur mit dem Herzen ...«
Mit deinen Herzensaugen siehst du verschiedene Menschen:
Die einen kennst du und würdest sie gerne besser kennenlernen.
Bis jetzt hast du dich nicht getraut.
Andere hast du bis jetzt übersehen, aber du erinnerst dich an sie.
Sie sehnen sich genau wie du nach Freundschaft.
Wieder andere sind dir unbekannt.
Aber sie scheinen darauf zu warten, dich kennenzulernen.
Und dann siehst du ein paar Menschen, die mit dir unterwegs sind.
Manchmal begegnet ihr euch, manchmal findet Gemeinschaft statt.
Wie konntest du das nur vergessen?

»Was soll ich tun?«, willst du von Gott wissen.
»Was willst du gerne tun?« Gottes Blick macht dir Mut.

»Ich will auf die Menschen zugehen,
mit denen *ich* zusammen sein möchte.
Und ich will von den Menschen Abstand nehmen,
die mir nicht guttun, die meiner Seele schaden.«

»Und was brauchst du dazu?«
Gott bietet dir seine Hilfe an und streckt dir seine Hand entgegen.

»Dich!«, sagst du zu Gott, denn er ist dein bester Freund.

Du nimmst seine Hand.
Gemeinsam macht ihr euch auf den Weg.

ANgeDACHT

Einer trage des anderen Last, so werdet ihr das Gesetz Christi erfüllen. (Galater 6,2 LUT)

So legt es der Apostel Paulus den Gläubigen in Galatien ans Herz. Er bittet sie: *Helft einander, eure Lasten zu tragen.*

Wie können wir so miteinander umgehen, dass wir einander helfen, entlasten, guttun? Es geht um ein Miteinander, das auf Gegenseitigkeit beruht. Ein solches »Einander« führt zu einem engen Zusammenhalt, der aus Geben und Nehmen besteht, aus Schenken und Beschenkt werden, aus Helfen und Hilfe erfahren. Das ist echte Gemeinschaft. Das gibt Halt. Das ist Rückhalt!

Wie können wir aber ganz praktisch füreinander da sein und einander helfen, unsere Lasten zu tragen?

Anderen beim Tragen ihrer Lasten zu helfen, heißt vielleicht …

… anderen einen Liebesdienst zu erweisen: Warum nicht direkt nachfragen, ob jemand Hilfe braucht – und wenn ja, welche?

… die Last leichter zu machen, wo es möglich ist: füreinander da sein, zuhören, Zeit schenken, ermutigen, trösten, praktisch unterstützen.

… Freude zu bereiten: Wie wäre es mit einer Überraschung, etwas Selbstgemachtem, einem handgeschriebenen Brief, Gedicht oder Lied (vielleicht selbst gesungen)?

… jemanden in seinen Gedanken zu begleiten, ihn im Herzen zu tragen, mitzufühlen, an andere zu denken, für andere zu beten; vielleicht auch mal jemandem ein paar anerkennende oder ermutigende Worte in einem Brief mitzuteilen.

Auf jeden Fall sind unsere Fantasie und Kreativität gefragt. Einander die Lasten zu tragen, beinhaltet auch, die anderen zu ertragen: in ihrer Art, mit ihren schwierigen Seiten, mit dem, was nervt oder stört. Dabei brauchen wir ganz besonders Gottes Hilfe.

Vielleicht hilft es uns, wenn wir uns vor Augen halten, dass Jesus Christus uns auch erträgt. Er nimmt uns an und ebenso sollen wir einander annehmen. Das dürfen wir uns Tag für Tag bewusst machen und bei Gott Liebe und Geduld tanken, um sie weiterzuschenken. Doch für alle, die dazu neigen, immer und überall für alle da zu sein und sich selbst aufzuopfern, gilt ebenso: *Jede und jeder soll und darf auch auf sich selbst achtgeben und für sich selbst Sorge tragen!*

Einer trage die Last des anderen – die Botschaft von Paulus geht noch weiter:

Es tut uns als Menschen nicht nur gut, wenn wir einander die Lasten tragen helfen, sondern damit erfüllen wir sogar das »Gesetz« Christi. Wenn wir das Wort »Gesetz« hören, denken wir vermutlich an Gebote und Verbote, die uns begrenzen, einengen, aber auch schützen. Doch das griechische Wort, das an dieser Stelle im Urtext für »Gesetz« verwendet wird, bedeutet auch noch »Musik« und meint eine bestimmte Tonart und Melodie.

Moment mal – wie hört sich eigentlich die Musik Christi an?

Der Lebensgrundsatz von Jesus war, aus der Lebensquelle Gott und der Liebe Gottes heraus zu leben und zu wirken und diese Liebe weiterzuschenken. Das war seine Melodie, die unzähligen Menschen geholfen, sie belebt und ermutigt hat. Auch wir dürfen diese Melodie von Jesus lernen und spielen: *Ein neues Gebot gebe ich euch, dass ihr euch untereinander liebt, wie ich euch geliebt habe, damit auch ihr einander lieb habt.* (Johannes 13,34 LUT)

Wenn wir uns von dieser Melodie der Liebe ansprechen und erfüllen lassen, dann gibt dies Resonanz. Dann beginnt es auch in uns zu schwingen und zu klingen. Stellen wir uns einmal diese wunderschöne Lebensmusik vor, wenn wir dieser Melodie in unserem Leben Raum geben und füreinander und miteinander unterwegs sind!

Darum: *Helft einander, eure Lebenslasten zu tragen, so werdet ihr die Melodie Christi spielen!*

Gebet

Jesus,
du Menschenfreund,
du hast nicht für dich selbst gelebt,
du bist nicht um dich selbst gekreist,
du hast nicht zuerst dich gesehen.

Jesus,
du wahrer Freund,
du bist Menschenherzen begegnet,
du hast Lasten getragen,
du hast Liebe verschenkt.

Jesus,
mein Freund,
du nimmst mich an, wie ich bin,
du sagst Ja zu mir, ohne Vorbehalt,
du trägst mit an meiner Last – du trägst mich!

Jesus,
ich bitte dich:
öffne meine Ohren für deine Melodie,
öffne meine Augen für die Menschen um mich,
öffne mein Herz für deine Liebe.

Jesus,
ich bitte dich:
schenke mir Gedanken und Worte, die ermutigen,
wecke in mir Ideen und Taten, die erfreuen,
lenke meine Hände, dass sie helfend entlasten.

Jesus,
ich bitte dich:
schenke mir einen langen Atem,
segne mich mit Geduld und Nachsicht,
fülle mich mit deinem Geist der Kraft.

Jesus,
zeig mir dein Herz,
übe mit mir die Musik deiner Liebe,
lehre mich die Melodie deines Herzens,
damit auch in mir die Töne deiner Liebe erklingen.
AMEN

KAPITEL 6

Kraft schöpfen aus der Lebensquelle

K wie Kraftquelle Gott –
Glaube, Gottes Wort, Gebet, Freude

Gottvertrauen trägt auch durch schwierige Zeiten und ist eine geheimnisvolle Kraftquelle, die sich seit Jahrtausenden bewährt hat. Wo ein Mensch sich mitten im Leid von Gott begleitet und getragen erfährt, wo er um einen Zufluchtsort weiß, an dem er seine Lasten, seine Ängste und auch sich selbst Gott überlassen kann, hat er eine Kraftquelle, die außerhalb von ihm liegt und durch die er von außen und zugleich aus einer Quelle in seinem Innersten Zuspruch erfährt. Ehrlich gesagt ist es schwierig, alles selbst und aus eigener Kraft zu bewältigen und uns auch noch selber Stärke zuzusprechen.

Gott und die Beziehung zu ihm als Kraftquelle sind die Grundlage für alle weiteren geistlichen Kraftquellen wie Gottes Wort, das Gebet, das Abendmahl oder auch seelsorgerliche Gespräche. All das kann uns innerlich und somit auch äußerlich stärken, stabilisieren und uns durchtragen – auch durchs dunkle Tal.

Vor einiger Zeit sagte mir jemand: »*Ich bin tagtäglich in Gedanken mit unseren familiären Schwierigkeiten beschäftigt. Ohne den Glauben an Gottes Hilfe, an seine Gegenwart und Führung würde mir die Kraft fehlen, mein Leben aktiv zu gestalten! Doch das tägliche Beten, Flehen und Betteln beruhigt mich, gibt mir die Zuversicht, dass wir es schaffen, dass jeder von uns seine Kraft und seinen guten Willen einsetzt, um Schritt für Schritt weiterzugehen.*«

Wenn ich auf mein eigenes Leben zurückschaue, wird mir bewusst, dass *Gott und seine Gegenwart* in meinem Leben das tragende Fundament waren und sind. Ich weiß nicht, wo ich heute ohne Gott wäre, ob ich überhaupt noch wäre.

Immer wieder durfte ich die Erfahrung machen: Gott war da. Gott ist da. Gottes Hand war über und unter mir und ich konnte nicht tiefer als in seine Hand fallen oder durfte mich in seine Hand fallen lassen. Welch ein Geschenk!!!

Und tagtäglich werde ich von dieser liebevollen und bleibenden Gegenwart Gottes begleitet. Es ist nicht einfach, die passenden Worte dafür zu finden, ohne dass es »frömmlerisch« wirkt. Aber: Es gibt vielleicht auch keine Worte, weil da Gottes Dimension ins Menschliche hineinwirkt.

Ein weiteres Lebensfundament war und ist für mich *Gottes Wort*. Ich bin mit der Bibel aufgewachsen, habe viel darin gelesen und in meiner Kindheit und Jugendzeit viele Bibelverse auswendig gelernt. Gott sei Dank! Denn heute wird mir dies zu einem kostbaren inneren Schatz, den ich nicht mehr missen will. Beim Lesen der Bibel tauche ich ein in die Tiefenschichten der biblischen Sprache und staune, welch ein Reichtum darin enthalten ist. Ich nehme Gottes Wort und nehme ihn beim Wort – weil er selbst das Wort ist!

Und Gott spricht tatsächlich: in unsere Welt, in mein Leben hinein, in meine persönliche Situation. Und ich darf mit ihm sprechen. *Gebet* ist nicht Selbstgespräch, sondern ein Dialog mit Gott, manchmal ein Zwiegespräch mit der inneren Stimme der Liebe. Wenn Gott in Jesus und durch seinen Heiligen Geist in mir lebt, dann ist auch das innere Gespräch nicht Selbstgespräch, sondern Begegnung, Austausch, Hören und Sprechen, Fragen und Antworten – ich mit ihm und er mit mir.

Auch das *Gespräch* mit anderen – der Austausch mit Glaubensgeschwistern – kann zur Kraftquelle werden und ermutigen. Wo Menschen Jesus Christus nachfolgen und ihn an erste Stelle in ihrem Leben setzen, werden sie selbst auch vertrauenswürdig. Als Christinnen und Christen sollten wir grundsätzlich einander vertrauen können, was allerdings im Alltag und in der Praxis leider nicht unbedingt vorausgesetzt werden kann. Leider menschelt es auch bei uns immer wieder, wenn wir einander schnell verurteilen und uns über den oder die andere stellen, wenn wir uns lieber mit dem Splitter im Auge des anderen beschäftigen als mit unserem eigenen Brett vor dem Kopf.

Manchmal dürfen wir dennoch ein seelsorgerliches Gespräch mit einer Vertrauensperson erleben, das uns entlastet, ermutigt und die Beziehung zu Jesus Christus erneuert und stärkt. Seelsorge darf sich nicht zu einer Abhängigkeit von einem Menschen entwickeln, aber sie soll in die »Abhängigkeit von Gott« führen, die Liebe zu ihm vergrößern und die Sehnsucht nach der bleibenden, wahren Heimat wecken (Hebräer 13,14).

Ein-Blick in die Bibel

Eine Kraftquelle ist ein Ort, eine Sache, eine Person, wo bzw. bei der wir auftanken können. Eine Quelle weist auf den Ursprung hin, dem sie entspringt. Es ist entscheidend, woher wir welche Kraft nehmen, woher sie kommt. Wer Kraft sucht allein nach dem Motto: »Hauptsache, es geht mir wieder besser; Hauptsache, es hilft ...« könnte sich zugleich für andere Kräfte und Mächte öffnen, die wiederum schaden und Leben rauben. Darum sind wir aufgefordert, alles zu prüfen und das wirklich Gute – das letztendlich von Gott kommt – zu behalten (1. Thessalonicher 5,21).

Dieses Kapitel konzentriert sich auf die Lebensquelle Gott, wie er sich in der Bibel offenbart, und auf die Kraft, die von ihm kommt. Gott wird in der Bibel als derjenige dargestellt, der sowohl den leiblichen Durst stillt (2. Mose 17,5f) als auch den Durst der Seele. So formuliert der Prophet Jesaja diese Hoffnung: *Ihr werdet mit Freuden Wasser schöpfen aus dem Brunnen des Heils.* (Jesaja 12,3 LUT)

Gott selbst bezeichnet sich als Quelle des Lebens bzw. als Quelle lebendigen Wassers. Bei ihm ist die Quelle und der Ursprung des Lebens (vgl. Psalm 36,10; Jeremia 2,13; 17,13). Die Quelle des Lebens bzw. die Quelle des lebendigen Wassers wird im Neuen Testament sowohl im Johannesevangelium als auch in der Offenbarung des Johannes als Zitat von Jesus erwähnt (vgl. Johannes 4,13-14; 7,37-38; Offenbarung 21,6). Jesus lädt dazu ein, dass wir mit unserer Sehnsucht zu ihm kommen, dass wir unseren Durst bei ihm stillen und uns das lebendige Wasser von ihm schenken lassen. Er lädt uns zum Vertrauen in ihn ein. Und so werden wir satt und verwandelt und auch in uns entsteht eine Quelle.

Für unsere Formulierung »Kraft« werden in der Bibel verschiedene Begriffe verwendet.

Gott ist derjenige, der Kräfte gibt[25] und der mit Kraft ausrüstet, auch mit Tüchtigkeit und Fähigkeiten[26]. Gott der HERR ist die Lebenskraft. Dafür verwendet der Psalmbeter den Begriff für Bergfestung, Zuflucht und Schutz. Wer einen sicheren Zufluchtsort hat, ist geschützt und kann neue Kraft sammeln.[27] Interessant ist eine Aussage in Psalm 138,3: *Wenn ich dich anrufe, so erhörst du mich und gibst meiner Seele große Kraft.* (LUT) Das Wort, das hier mit »Kraft« übersetzt wird, meint auch Macht, Lobpreis. Die Kraft, die Gott schenkt, bewirkt im Innern Lobpreis, was wiederum beflügelt und stärkt. Diesen Lobpreis bringt Jeremia direkt zum Ausdruck, wenn er sagt: *HERR, du bist meine Stärke* (= mein Lobpreis) *und Kraft* (= Bergfestung, Zuflucht, Schutz; Jeremia 16,19 LUT)!

Gott stärkt den Menschen nicht nur auf vielfältige Weise, sondern er bewirkt auch, dass die Lebenskraft zurückkehrt und wiederhergestellt wird. Ein wunderbares Beispiel dafür ist der bekannte Psalm 23. Hier formuliert David: *Er erquicket meine Seele* (Psalm 23,3 LUT). »Seele« meint in diesem Fall auch Lebenskraft; »erquicken« bedeutet ebenso zurückführen, zurückbringen, zurückkehren lassen. Im hebräischen Wort für »erquicken« steckt eine Bewegung zurück zum Ursprungsort, zur Quelle, eine Umkehr und neue Hin-

---

25 5. Mose 8,18 LUT: »Er ist's, der dir Kräfte gibt.«
26 Psalm 18,33 LUT: »Gott rüstet mich mit Kraft.«; Psalm 84,8 NGÜ: »Sie empfangen auf Schritt und Tritt neue Kraft.«
27 Psalm 27,1 LUT: »Der HERR ist meines Lebens Kraft.«

wendung (zu Gott). Es meint auch Wiederherstellung, Wiederbelebung, Zuwendung, Zurückführung. Es geht letztlich um ein Nach-Hause-Kommen, dorthin, wo wahre Heimat ist. *Meine Lebenskraft lässt er zurückkehren. Meine Seele bringt er wieder zurück.*

David weist auf diesen Ort hin und lädt ein: Kehr um zu diesem guten Hirten, der genau weiß, was seine Schafe brauchen. Kehr um zu dieser Lebensquelle, wo dein Durst wirklich und bleibend gestillt wird. Bei ihm kommt deine Seele zur Ruhe, findet Nahrung und Fülle, wird belebt und wiederhergestellt, kommt heim, nach Hause.

Und was sollen wir tun, wenn uns die Kraft fehlt? Wenn wir schwach sind?

Paulus hört den wunderbaren Satz von Jesus (2. Korinther 12,9):

Lass dir an meiner Gnade genügen, denn meine Kraft vollendet sich in der Schwachheit. (LUT)

Meine Gnade ist alles, was du brauchst, denn meine Kraft kommt gerade in der Schwachheit zur vollen Auswirkung. (NGÜ)

Die Kraft von Gott bzw. Jesus ist mehr als körperliche Kraft. Es geht hier um Vollmacht und Stärke, die befähigt, die Einfluss nimmt und Auswirkungen hat. Es ist Gottes heilbringende, befreiende, liebende, belebende Kraft. Aus dieser göttlichen Kraftquelle will Paulus leben, denn sie stärkt ihn, egal wie schwach er sich selbst erlebt oder fühlt. Gott ist mächtig. Das genügt. Gott befähigt ihn. Gott ermächtigt ihn. Gott wirkt mit seiner Kraft in ihm und durch ihn. Es ist die Kraft, die auch durch schwierige Zeiten trägt und die hilft, auszuhalten und durchzuhalten. Darum genügt Gottes Kraft. Gott allein genügt!

Himmlische Wirk-Worte – etwas anders ...

Gott, du bist unser Schöpfer. Du bist mein Schöpfer, der mich belebt und Tag für Tag erhält. Du hast dem Menschen den Odem des Lebens in die Nase geblasen und so wurde er eine lebendige Seele. In dir und durch dich lebe und webe und bin ich. Ich bin von deiner Art, dir ähnlich, dein Ebenbild, weil du mich so geschaffen hast. Das lässt mich staunen.[28] Das macht mich froh und gibt mir Lebensmut.

Gott, du willst unser Wegbegleiter sein. Du weist mir den Weg zum Leben und willst mich auch führen und leiten. Ja, du, HERR, tust mir kund den Weg des Lebens. Vor dir ist Freude die Fülle! Du bist der Weg und die Wahrheit und das Leben. Weise mir, HERR, deinen Weg, dass ich wandle in deiner Wahrheit. Erhalte mein Herz bei dem einen, dass ich deinen Namen fürchte. Tu mir kund den Weg, den ich gehen soll, denn mich verlangt nach dir. Du bist der Weg zum Leben. Auf deinem Weg und mit dir als Wegbegleiter bin ich sicher unterwegs, auch durchs dunkle Tal, denn du bist und bleibst bei mir.[29]

Du, HERR, bist unser Vater; »unser Erlöser«, das ist von alters her dein Name. Du bist mein Heiland, mein Erlöser, mein HERR! Du bist mein Gott, der mich befreit: aus meinen Gefangenschaften, aus der Enge meines eigenen Egos, von mir selbst. Du löst und erlöst mich von meiner Schuld, von meinem Anteil, von allem, was Leben zerstört, Lebenskraft

---

28 1. Mose 1,26-27; 2,7; Psalm 8; Apostelgeschichte 17,27.28
29 Psalm 16,11; 23,4; 86,11; 143,8; Johannes 14,6

raubt und hemmt. Du vergibst mir meine Schuld und heilst meine Verletzungen. Du stellst wieder her, was in Trümmern liegt. Du schenkst meiner Seele große Kraft.[30]

Gott, du willst mein Verlobter, mein Bräutigam, mein Ehemann sein. Ich darf deine Braut sein. Du hast mich angesehen, erwählt, erkannt. Du liebst mich. Unter deinem Blick darf ich die Person werden und entfalten, die du in mir vorbereitet hast. Dir will ich vertrauen. Dir vertraue ich mich an. Deinen Händen überlasse ich mich. Deinem Herzen lass ich mich. In dir will ich bleiben, in deiner Liebe. Mit dir verbunden sein, dir ähnlich werden, verwandelt in dein Bild.[31]

Gott, du bist da. Du, Gott, bist mit uns: Immanuel! Du bist mit deinen Kindern unterwegs. Du warst mit deinem Volk in der Wüste unterwegs. Deine Gegenwart hat ermutigt und gestärkt: am Tag in einer Wolkensäule und nachts in einer Feuersäule. Deine Gegenwart hat sichtbar begleitet. Gott, du bist auch bei mir. Dein Name verspricht es mir: *Ich bin da. Ich bin bei dir. Ich bin für dich und für dich da.* Du bist gegenwärtig, jeden Tag, jede Stunde, jeden Augenblick. Dein Angesicht geht vor mir her. Dein Angesicht hilft mir.[32]

Gott, du bist meine Lebensquelle, meine Lebenskraft, mein Leben.

Nur durch dich lebe ich. Du machst meine hungrige Seele satt. Du stillst meinen Durst. Deine Güte nährt mich. Du bist meine Kraft!

---

30 Jesaja 60,16; 63,16; 1. Johannes 4,14; Psalm 138,3; 147,3; Matthäus 6,12
31 Johannes 15,1-16; 17,21; 2. Korinther 3,18; vgl. Hosea 2,18-22; Jesaja 54,5-6
32 2. Mose 3,14; 33,14; Jesaja 63,9

Wie köstlich ist deine Güte, Gott,
dass Menschenkinder unter dem Schatten deiner Flügel Zu-
flucht haben!
Sie werden satt von den reichen Gütern deines Hauses,
und du tränkst sie mit Wonne wie mit einem Strom.
Denn bei dir ist die Quelle des Lebens,
und in deinem Lichte sehen wir das Licht.
(Psalm 36,8-10 LUT)

Erfahrungen mitteilen

Aufgehoben in Gottes Hand
Wenn ich schwierige Situationen erlebe, dann ziehe ich mich, wenn immer möglich, zuerst in die Stille zurück. Vor allem gehe ich nach draußen in die Natur. Beim Gehen lösen sich bei mir blockierte Gedanken. Es erscheinen mir Lösungen oder ich bekomme Trost gespendet.

Dass die Natur für mich ein großer Kraftort ist, kommt aus meiner Kindheit. Ich bin auf einem abseits gelegenen Bauernhof aufgewachsen, mit Wiesen und Wald rundherum. So verbrachte ich sehr viel Zeit draußen in der Natur. Wenn ich traurig war, Verständnis vermisste oder ich mich vernachlässigt fühlte, verzog ich mich immer nach draußen. Ich suchte mir ein schönes Plätzchen und träumte vor mich hin, hielt Zwiesprache mit Gott, durchaus auch mal voller Wut und Zorn.

Was sind meine Kraftquellen für die Herausforderungen in meinem Leben?

Ganz wichtig ist mir mein Glaube, dass Gott allgegenwärtig ist und mir hilft, die gegenwärtige Krise zu meistern, dass er mir die nötige Kraft gibt, aber auch Geduld, abzuwarten und zu hoffen, dass sich alles zum Guten wendet. Dabei spielt das Gebet, die Zwiesprache mit Gott, eine wichtige Rolle. Dabei suche ich immer nach etwas Positivem. Sobald etwas eintritt, was mich beängstigt, bestürzt, verunsichert, halte ich inne. Ich werde ganz ruhig, alles wird wie auf »Standby« heruntergefahren und mein erster Gedanke ist: »Mein Gott, hilf mir!«

Dann tritt eine innere Ruhe ein und ich kann klar denken und entsprechend reagieren. Dass ich in schwierigen Situationen sehr gut die Ruhe behalten kann, hat sich in meinem bisherigen Leben immer nur positiv ausgewirkt.

Auch die kleine Andacht, die ich jeden Morgen lese, gemeinsame Gottesdienste, gute Gespräche mit anderen Christinnen und Christen sind eine Kraftquelle für mich. Gott hilft in Form eines Gedankens, einer speziellen Begegnung mit einem mir fremden Menschen oder einem Anruf einer mir geliebten Person – das alles sind für mich Zeichen, dass Gott da ist und mich unterstützt.

Mein Glaube gibt mir meine innere Stärke und Stabilität, weil ich mich aufgehoben fühle in der Hand Gottes, weil ich spüre, dass er mich tagtäglich begleitet und beschützt.

Von Zeit zu Zeit nehme ich auch wieder ein Buch zur Hand. Da ich allein mit der Bibel nicht so gut zurechtkomme, bin ich froh, wenn ich dazu Auslegungen und Erklärungen lesen kann.

Veronika M.

Jesus einatmen – Christus ausatmen
Aufgewachsen bin ich als Zweitälteste von sechs Schwestern
in einfachen bäuerlichen Verhältnissen. Um die Konfirmati-
on herum fand ich Zugang zu einem persönlichen Glauben
an Jesus Christus. Die Bibel, das Gebet, Stille, Erfahrung von
Vergebung, Gemeinschaft und das Bewusstsein der immer-
während Gegenwart des dreieinigen Gottes wurden und
sind wesentliche Elemente in meinem Leben.

Im Lauf der Jahrzehnte erlebte ich – nicht zuletzt durch
schmerzliche Phasen hindurch – eine wertvolle Vertiefung
und Weitung meiner Gottes- und Jesusbeziehung, auch
durch Kontakte mit glaubenden Menschen aus unterschiedlichen Frömmigkeitstraditionen. Sehr dankbar bin ich für
punktuelle seelsorgerliche Unterstützung durch Menschen,
die meinen Weg kreuzten, für praktische Anregungen in Se-
minaren, bei einer Retraite oder Ähnliches. Dazu gehört die
Praxis des Herzensgebetes oder Jesusgebetes, das mir un-
entbehrlich geworden ist.

Dieses Gebet geht auf eine sehr alte Gebetspraxis zurück,
die darin besteht, dass man in bewusstem längeren Verwei-
len in der Gegenwart des dreieinigen Gottes im Herzen still
den Namen Jesus Christus anruft. Das kann in Verbindung
mit dem Atem geschehen (*Jesus* beim Ausatmen, *Christus*
beim Einatmen). Bei dieser Art des Betens schaue ich innerlich auf Jesus und mache mir bewusst, dass er immer in mir
gegenwärtig ist.

Seit vielen Jahren begleitet mich ein Motto: »*Was immer in
meinem Leben geschieht, soll dadurch bei mir nichts anderes pas-
sieren (ich lasse nichts anderes zu!), als dass mich gerade ›dies‹
näher zu Gott bringt, zieht, drückt.*«
In dieser Grundhaltung machte ich viele kleine und größe-

re Erfahrungen von Gehalten-, Geführt- und Getragen-Sein, die mein Vertrauen stärkten.

M.H.

Bei ihm kommt meine Seele zur Ruhe

Ohne meinen Glauben an Gott wäre ich an mir, meiner Krankheit und der Welt schon lange verzweifelt. Aber zu wissen, dass Gott da ist, der auf mich schaut, der mein Bestes will, das ist eine sehr große Hilfe. Zu wissen, dass das Leben auf der Erde nicht alles ist und dass nach dem Tod hier die Ewigkeit bei Gott beginnt, das gibt mir Kraft zum Weitermachen: keine Tränen mehr, keine Krankheiten, keine Kriege ... Wie schön wird das sein! Darauf freue ich mich sehr.

Früher bin ich bei Schwierigkeiten extrem nervös geworden, konnte nicht mehr schlafen, wurde fast teilnahmslos, hatte Angst, dass ich dieses nicht überstehen oder lösen könnte. Heute bin ich etwas ruhiger und gelassener geworden. Selbst wenn ich in Panik verfalle und mir das Allerschlimmste ausdenke, komme ich schneller wieder zur Ruhe. Oft kann ich dann selber an andere Situationen denken und wie mir Gott darin half. Manchmal brauche ich aber auch ein Gegenüber, mit dem ich reden und beten kann. Das bringt mein Inneres, mein Gedankenkreisen wieder zur Ruhe.

Ja, der Glaube gibt mir innere Stärke und Stabilität. Je mehr ich über Gott durch die Bibel erfahre, ihn kennenlerne und mit ihm erlebe, desto mehr gibt mir dies Kraft. Ich bin nie allein. Gott bleibt.

Andere Christen, Seelsorge, Gemeinde, Gottesdienste, Bibelkreise etc. sind für mich extrem wichtig, gerade dann, wenn mir Zweifel kommen, wenn es dunkel um mich wird und ich an Gott zweifle. Dann tut es gut zu wissen, dass andere für meinen Glauben beten.

Monika

Mit Gott im Gespräch

Stell dir vor, es ist Sprechstunde bei Gott und du gehst hin.
Du trittst ein.
Ein warmes, angenehmes Licht heißt dich willkommen,
lädt dich ein, Platz zu nehmen.
Das tut gut.
Gott kommt zu dir, sieht dich an. *»Ja, bitte?«*

»Ich fühle mich oft einsam und alleine.
Da ist niemand, der zu mir hält …
Und ich frage mich auch: Wo bist du, Gott?«
Wieder will dich diese Einsamkeit überrollen.

»Ich bin da«, sagt Gott.
Fragend schaust du ihn an.
»Aber wenn ich es nicht spüre? Woran kann ich merken, dass du da bist?«

»Ich bin bei dir.« Du merkst, dass Gott es ernst meint.
»Aber«, hakst du nach,
»wenn alles dagegenspricht und alle Gefühle das Gegenteil sagen?«

»Ich bin für dich und für dich da!« Gottes Worte klingen wie ein Versprechen.
»Meine Gegenwart ist eine Tatsache, kein Gefühl.
Ich bleibe bei dir, auch wenn niemand bleibt.
Ich halte dich, auch wenn nichts mehr hält.«

Du erhebst dich.
Doch noch eine letzte Frage stellst du Gott, bevor du gehst:
»Was soll ich tun, wenn die Einsamkeit wieder über mich kommt?«

»Entscheide dich: Worauf willst du schauen? Was willst du glauben?
Wem willst du vertrauen?« Gott hält dir seine Hand entgegen:
»Vertraue mir: Ich steh zu dir! Ich gebe dir mein Wort.«
Gott gibt dir sein Wort.
Du nimmst ihn beim Wort, nimmst seine Hand, vertraust ihm.

Du vertraust dich ihm an: »A-Dieu!«
Da hüllt Gott dich in den Mantel seiner Gegenwart.
Du gehst los – zu zweit.
Sein Wort begleitet dich.

ANgeDACHT

Den Erschöpften gibt er neue Kraft und die Schwachen macht er stark. Selbst junge Menschen ermüden und werden kraftlos, starke Männer stolpern und brechen zusammen. Aber alle, die ihre Hoffnung auf den HERRN setzen, bekommen neue Kraft. Sie sind wie Adler, denen mächtige Schwingen wachsen. Sie gehen und werden nicht müde, sie laufen und sind nicht erschöpft. (Jesaja 40,29-31 HFA)

Fühlst du dich manchmal auch müde? Ich meine, so *richtig* müde. Nicht weil man eine Nacht nicht so gut geschlafen hat, sondern weil die Kraftreserven immer kleiner und die Nervenwände immer dünner wurden. Die Kraft reicht nicht mehr weit. Man fühlt sich äußerlich und innerlich erschöpft. Dazu braucht es gar keine großen körperlichen Anstrengungen. Da reichen schon negative Energiefresser und kreisende Gedanken, die an den Kräften zehren.

Doch gerade, wenn wir uns so fühlen, dann gilt auch uns diese Zusage: *Er gibt dem Müden Kraft und dem Ohnmächtigen mehrt er die Stärke* (Vers 29 ELB). Diese Worte sind zuerst an das Volk Israel gerichtet, das so manches Mal an die äußeren und inneren Grenzen kam. Die Israeliten befanden sich mitten im Exil in Babylon. Sie hatten alles verloren: die Heimat, das Land, die Arbeit, ihre Häuser; ja zum Teil waren sogar Familien auseinandergerissen worden. Dieser Einschnitt in ihr Leben war so tief und demütigend, dass sie völlig verzweifelt waren. In dieser Situation wirkte der Prophet Jesaja. Er versuchte, sein Volk zu ermutigen, sie zu trösten, ihren Glauben und ihre Hoffnung zu stärken. Das half und tat ihnen in ihrem Ausnahmezustand gut.

Den Erschöpften gibt er neue Kraft und die Schwachen macht er stark. Mit »Er« ist Gott gemeint, JHWH, der für seine Menschen da ist. Gott macht den Müden und Erschöpften, den Kraftlosen und Ohnmächtigen ein Angebot: Er, die Kraftquelle selbst, bietet uns neue Kraft an. Gott will in uns wieder Möglichkeiten, Fähigkeiten, Stärke ermöglichen und werden lassen. Von ihm dürfen wir uns das schenken lassen, was wir selbst nicht mehr haben. Wir müssen dafür nicht leisten und krampfen, um neue Kraft zu bekommen. Gott bietet es an, er schenkt es, er will uns neu füllen und es in uns vermehren und groß machen. Nicht wir müssen uns größer mache als wir sind oder so tun, als würde es uns gut gehen und als hätten wir noch genug Energie, wenn die Batterien längst leer sind. Nein: Wir dürfen uns diese Lebenskraft und innere Stärke schenken lassen und zuversichtlich weitergehen.

Das beinhalten die beiden folgenden Verse: *Selbst junge Menschen ermüden und werden kraftlos, starke Männer stolpern und brechen zusammen. Aber alle, die ihre Hoffnung auf den HERRN setzen, bekommen neue Kraft. Sie sind wie Adler, denen mächtige Schwingen wachsen. Sie gehen und werden nicht müde, sie laufen und sind nicht erschöpft.*

Der Adler ist ein Bild für majestätische, königliche Stärke und Würde. Wir verbinden mit dem Fliegen eines Adlers unbegrenzte Freiheit, mit den Adleraugen einen guten Überblick, mit dem Adlerhorst die Geborgenheit der Adlerjungen im Nest, mit den Adlerflügeln Schutz und Sicherheit. Elegant schwingt sich dieser Herr der Lüfte in die Höhe, dem Licht der Sonne entgegen – zielgerichtet, mit geschärftem Blick.

Adler sind Einzelgänger, doch als Elternpaar bleiben sie ein Leben lang zusammen. Der Adler zieht seine Jungen behutsam auf, begleitet sie in die Lüfte und führt sie sicher zum gut verborgenen, geschützten und kaum zugänglichen Horst zurück.

Der Adler ist der Vogel, der in der Bibel am häufigsten erwähnt wird. Er wird auch als Bild für Gott gewählt, dies wegen seiner Majestät, seiner Kraft, seinem Überblick, seinem schützenden und tragenden Federkleid. (5. Mose 32,11)

Und Gott selbst nimmt das Vorbild der Adlereltern auf, um seine Beziehung zu seinem Volk bzw. zu uns Menschen darzustellen: Er schwebt über seinen Jungen, breitet seine Flügel aus, trägt sie auf seinen Schwingen und leitet sie. Er hat von oben den Überblick und greift helfend ein. Gott breitet seine Arme aus; er schützt von oben und von unten, indem er über und unter den Seinen schwebt. Und so können sich seine Kinder – wir als Adlerjunge – entwickeln und entfalten. Unter Gottes Obhut wachsen uns Flügel, die kräftig genug sind für die ersten Flugversuche. Unter Gottes liebendem Blick dürfen wir flügge werden, fliegen lernen, fallen, weiterüben und so gestärkt und ermutigt von Gott und unter dem Schutz seiner Fittiche ins Leben hinausfliegen.

Gott ist der Gott, der den Weitblick hat und den Überblick behält. Er ist der Gott, der Schutz gibt vor Feinden und Feindlichem. Er ist derjenige, der uns Zuflucht und Geborgenheit gewährt, mitten in allem Ungeborgensein und in aller Haltlosigkeit, in einer bedrohlichen und ungeschützten Welt.

Wo wir mit unserer Kraft am Ende sind, wo wir müde, matt und traurig sind und die Leere und Einsamkeit spüren, gilt uns Gottes Zusage, dass er uns mit den Kräften und

Schwingen eines heranwachsenden Adlers ausrüstet. Unsere Aufgabe ist, auf ihn zu harren, also unsere ganze Hoffnung auf ihn zu setzen.

Er gibt dem Müden Kraft und Stärke genug dem Unvermögenden ... Die auf den HERRN harren, kriegen neue Kraft, dass sie auffahren mit Flügeln wie Adler, dass sie laufen und nicht matt werden, dass sie wandeln und nicht müde werden. (Jesaja 40,29-31 LUT)

Gebet

Gott,
manchmal hätte ich gerne Flügel.
Flugfedern, die tragen und Halt geben.
Auch im Sturm.
Aber oft fühle ich mich wie ein Adlerjunges im Nest der Bequemlichkeit –
abhängig, hilflos, ausgeliefert – im Kampf um meinen Platz.

Gott,
da sitze ich im weichen Daunenkleid,
hungrig und durstig nach Leben.
Ich werde flügge und flattere mit den Flügeln.
Doch meine Flugversuche scheitern.

Gott,
ich brauche neue Federn,
nicht immer die alten Muster, Prägungen und Gewohnheiten.
Ich brauche Vorbilder,
von deren Flügelschlägen ich gerne lerne.
Ich brauche den Wind deines Geistes,
der mich emporsteigen lässt.
Ich brauche Mut, die Nestwärme zu verlassen
und aufzubrechen in die Verantwortung.

Gott,
ich wage den Sprung aus dem Nest
und lasse mich vom Luftstrom deines Geistes tragen.
Ich vertraue darauf, dass die Flügel
auch durch Stürme tragen,
denn du bist ja da, begleitest mich mit deinem Blick.
Aus deiner Perspektive bekommt alles einen tieferen Sinn.

Und wenn mir doch der Mut zum Fliegen fehlt,
dann bitte ich dich, dass du mir einen Schubs gibst
wie ein Adler seinem Jungen.
Denn wenn ich falle, so fängst du mich auf.
Nie falle ich tiefer als in deine Flügel,
die mir Halt geben, die mich tragen.[33]
AMEN

---

33 5. Mose 32,11 HFA: »Er ging mit ihnen um wie ein Adler, der seine Jungen fliegen lehrt: Der scheucht sie aus dem Nest, begleitet ihren Flug, und wenn sie fallen, ist er da, er breitet seine Schwingen unter ihnen aus und fängt sie auf.«

KAPITEL 7

Endlich ewig!

E wie Erlaubnis zu wünschen, zu träumen
und Erwartungen ans Leben zu haben

In uns Menschen schlummert die Sehnsucht nach Leben, nach Lösungen, nach Erlösung. Wenn ein Mensch Ziele, Träume, Wünsche im Leben hat und seiner Sehnsucht Raum gibt, dann motiviert dies, durchzuhalten und sich danach auszurichten. Wer ein Ziel im Leben hat, ist anders unterwegs als jemand, der ziellos umherirrt und keinen Plan hat oder gar in der Vergangenheit feststeckt.

Visionen und Verheißungen beflügeln und setzen Energien frei, um das »verheißene Land« und den Hoffnungshorizont im Auge zu behalten und so die Zukunft mitzugestalten, selbst in Schwierigkeiten und durch Wüstenzeiten ... bis wir eines Tages für immer zu Hause sind: *endlich ewig!* Ja, unser Leben hier ist begrenzt, es ist endlich. Und doch ist es ewig. Das hat uns Gott versprochen. Davon spricht die Bibel. Wir sehen und wissen jetzt noch nicht genau, was hinter dem Horizont liegt, aber wir dürfen uns darauf freuen, wenn unser Ende hier zum Anfang dort wird. Endlich!

Die Bibel zeichnet eine Sehnsuchtsgeschichte: die Sehnsuchtsgeschichte der Menschen auf der Suche nach dem verlorenen Paradies. Wir alle tragen in uns die Sehnsucht nach dem Ewigen und wir alle fragen in unserem Leben nach dem, was ewig ist. Gott hat uns Menschen seine Ewigkeit ins Herz gelegt.[34] Und so tragen wir in uns die Ahnung nach einem anderen Leben, einem Leben in Fülle, das über all das hinausgeht, was wir in diesem Leben und auf dieser Erde erleben.

So begleiten uns die großen Fragen der Menschheit: Woher komme ich? Wozu lebe ich? Wohin gehe ich? Und diese Fragen lassen uns suchen – letztlich nach unserem Ursprung und Zuhause: Gott und sein Land.

Das Leben mit Gott beginnt aber schon hier auf dieser Erde, mitten in unserem Alltag, mitten in unserem Dasein. Dieses Leben mit Gott hat auch eine Richtung, ein Ziel: das verheißene Land, das Wohnen bei Gott in seinem neuen Jerusalem, in seinem Haus: für immer!

In der Bibel finden wir zahlreiche Hinweise auf dieses Wohnen« mit und bei Gott, auf das »Vaterland« im Himmel, in Gottes Land. Und wenn von der Sehnsucht nach Gottes Haus die Rede ist, dann ist damit nicht nur der Tempel gemeint, sondern der Wunsch, ganz bei Gott nach Hause zu kommen. Doch es ist auch davon die Rede, dass Menschen auf Gott warten: auf sein Heil, auf seinen Heiland, weil damit die Erlösung und Befreiung vom Leiden verbunden ist.

Warten hängt mit hoffen zusammen. Es ist die Hoffnung, die uns vorwärtsbringt, die uns durchhalten hilft, die unseren Blick immer wieder nach vorne richtet: zum Horizont,

---

34 Prediger 3,11 NLB: »Gott hat allem auf dieser Welt schon im Voraus seine Zeit bestimmt, er hat sogar die Ewigkeit in die Herzen der Menschen gelegt. Aber sie sind nicht in der Lage, das Ausmaß des Wirkens Gottes zu erkennen; sie durchschauen weder, wo es beginnt, noch, wo es endet.«

auch wenn wir nicht dahintersehen. Und nur derjenige, der ein Ziel vor Augen hat; nur wer damit beginnt, etwas zu denken und sich vorzustellen, kann dies in seinem Leben Wirklichkeit werden lassen. So begann die undenkbare Besteigung des Mount Everest damit, dass jemand es wagte, sich dieses Unterfangen überhaupt vorzustellen.

Wir müssen aber nicht irgendetwas Neues erfinden, das wir erreichen könnten. Es genügt, die Zusagen und Verheißungen Gottes in unser Denken und Vorstellen hineinzulassen und ihnen Raum zu geben. Wer weiß, was dann daraus wird! Stellen wir uns doch einmal vor, wir würden zu Gott nach Hause kommen und mit Gott gemeinsam wohnen – vielleicht schon hier und jetzt ...?

Ein-Blick in die Bibel

Gott ruft Menschen aus ihren Gewohnheiten, Bindungen und Mustern heraus und führt sie in sein Leben. Unterwegs begleitet und leitet er sie mit seiner Gegenwart und Herrlichkeit: einzelne Personen wie Abraham, Isaak und Jakob, Mose und viele andere mehr, genauso aber auch sein Volk Israel. Jesus ruft seine Jünger aus ihrem Alltag in seine Nachfolge und er ruft auch uns zu sich, in ein Leben mit ihm. Gott ruft uns Menschen – dich und mich – und will uns aus Liebe zu sich ziehen.[35]

---

35 Jeremia 31,3 LUT: »Der HERR ist mir erschienen von ferne: Ich habe dich je und je geliebt, darum habe ich dich zu mir gezogen aus lauter Güte.«

David spricht schon von dieser Heimat bei Gott im bekannten Psalm 23: Er beschreibt diese Heimat wie die Geborgenheit, die ein Schaf bei seinem Hirten findet. Er vergleicht sie mit einem Gast, der von seinem Gastgeber zuvorkommend bedient wird.

Als Schaf des guten Hirten erlebt sich David geführt, erfrischt und versorgt mit allem, was er braucht. Er ist nicht allein, auch nicht im finsteren Tal, auch nicht im Tod: Gott selbst ist bei ihm. Bei diesem Hirten erfährt er echten Trost: Beziehung, Anteilnahme, Zuspruch, Sinn.

Als Gast darf David an dem gedeckten Tisch Platz nehmen – sogar mitten in Not und Schwierigkeiten, sogar vor den Augen seiner Feinde. Er wird geehrt und wertschätzend behandelt, indem er mit Öl gesalbt wird, ein Zeichen von Würde (seine Würde wird bei Gott wiederhergestellt).

Sein Becher fließt über. Er erlebt Fülle bei Gott. Hier findet er auch zum Frieden – zur Zu-FRIEDEN-heit. Er ist von Gutem und von Barmherzigkeit umgeben. Gott beschenkt ihn überreich, begleitet ihn und stärkt ihm den Rücken.

Mit Gott und bei Gott, in Gottes Nähe erlebt David Heimat – ein Stück Heimat als Vorgeschmack auf das, was noch kommt. Psalm 23 ist also ein Psalm, der von Anfang bis Ende beschreibt, was Heimat, Daheim und Zuhause bedeuten: Geborgenheit und Zufriedenheit! Und er zeigt: Wahre Heimat ist nur mit und beim guten Hirten, bei Gott selbst zu finden.

Gott will bei seinem Volk und mitten unter seinen Menschen wohnen. Er sagt: »*Ich will meine Wohnung unter euch haben ... ich will unter euch wandeln und will euer Gott sein*« (3. Mose 26,11-12 LUT; vgl. Epheser 2,22; 3,17; 1. Korinther 6,19). Doch Gott drängt sich nicht auf. Er klopft und wartet, bis Menschen ihm öffnen und ihn einlassen (Offenbarung 3,20).

Und mit »Gott in uns« bzw. »Christus in uns« (Galater 2,20; 4,19) beschreibt der Apostel Paulus die Heimat in uns. Verbunden mit Jesus sollen die Gläubigen unterwegs sein bis zur ewigen Heimat, um dann ganz bei Gott daheim zu sein – an dem Ort, wo Gott ganz bei den Menschen wohnt, wo er alle Tränen trocknet, wo der Tod nicht mehr sein wird, auch kein Leid, kein Geschrei, kein Schmerz, und wo der Durst und die Sehnsucht für immer gestillt werden (Offenbarung 21,3-6).

Himmlische Wirk-Worte

Deine Güte und Liebe umgeben mich an jedem neuen Tag; in deinem Haus darf ich nun bleiben[36] mein Leben lang. (Psalm 23,6 GN)

Wie schön sind doch deine Wohnungen, allmächtiger Herr! (Psalm 84,2 NGÜ)

Er, der das Wort ist, wurde ein Mensch von Fleisch und Blut und lebte unter uns. (Johannes 1,14 NGÜ)

»Lasst euch durch nichts in eurem Glauben erschüttern!«, sagte Jesus zu seinen Jüngern. »Vertraut auf Gott und vertraut auf mich! Im Haus meines Vaters gibt es viele Wohnungen. Wenn es nicht so wäre, hätte ich dann etwa zu euch gesagt, dass ich dorthin gehe, um einen Platz für euch vorzubereiten? Und wenn ich einen Platz für euch vorbereitet habe, werde ich wieder kommen und euch zu mir holen, damit auch ihr dort seid, wo ich bin.« (Johannes 14,1-3 NGÜ)

---

36 Oder auch: *... in dein Haus zurückkehren.*

Jesus gab ihm zur Antwort: »Wenn jemand mich liebt, wird er sich nach meinem Wort richten. Mein Vater wird ihn lieben und wir werden zu ihm kommen und bei ihm wohnen.« (Johannes 14,23 NGÜ)

Abraham verließ auf Gottes Geheiß hin seine Heimat und machte sich auf den Weg in das von Gott verheißene Land. Im Vertrauen auf Gott war er unterwegs, ließ sich als Gast im neuen Land nieder, wartete letztlich aber auf Gottes Stadt und Zuhause:

Er wartete auf die Stadt, die auf festen Fundamenten steht und deren Gründer und Erbauer Gott selbst ist. (Hebräer 11,10 NGÜ)

Und ebenso die Vorväter. Sie sahen das Land Gottes nur aus der Ferne, blieben Gäste und Fremdlinge in der Welt, aber sie wussten zutiefst, dass sich erfüllt, was Gott verheißt. So warteten sie auf die wahre Heimat bei Gott:

Sie sehnten sich nach etwas Besserem, nach einer Heimat im Himmel. (Hebräer 11,16 NGÜ)

Denn hier auf der Erde gibt es keinen Ort, der wirklich unsere Heimat wäre und wo wir für immer bleiben könnten. Unsere ganze Sehnsucht gilt jener zukünftigen Stadt, zu der wir unterwegs sind. (Hebräer 13,14 NGÜ)

Der Apostel Johannes sieht diese zukünftige Stadt, das neue Jerusalem, in der sich unsere Sehnsucht erfüllt, folgendermaßen:

Und ich hörte eine große Stimme von dem Thron her, die sprach: »Siehe da, die Hütte Gottes bei den Menschen! Und er wird bei ihnen wohnen und sie werden seine Völker sein und er selbst, Gott mit ihnen, wird ihr Gott sein; und Gott wird abwischen alle Tränen von ihren Augen und der Tod wird nicht mehr sein, noch Leid noch Geschrei noch Schmerz wird mehr sein; denn das Erste ist vergangen.« Und der auf dem Thron saß, sprach: »Siehe, ich mache alles neu!« (Offenbarung 21,3-5 LUT)

Erfahrungen mitteilen

Der Zukunft gelassen entgegensehen – und dennoch Wünsche haben

Mit 65 Jahren ist der letzte Lebensabschnitt schon etwas kürzer und ich frage mich manchmal, wie viele Jahre mir wohl noch geschenkt sind. In meinen noch verbleibenden Jahren wünsche ich mir, dass ich so lange wie möglich gesund bleibe und mein Leben selbstbestimmt leben und gestalten kann.

Ich hoffe, dass es mir und uns doch noch vergönnt ist, Enkelkinder im Arm zu halten, ihnen unsere Zeit und Zuneigung zu schenken. Diese Sehnsucht begleitet mich seit meiner Kindheit, weil ich mir so sehr ein kleines Geschwisterchen wünschte – leider ging dieser Wunsch damals nicht in Erfüllung. Dafür durfte ich dreimal Mutter werden.

Meiner Zukunft sehe ich gelassen entgegen. Ich erfreue mich an jedem Tag und nehme die Dinge so entgegen, wie sie auftauchen. Ich wünsche mir, dass ich gemeinsam mit meinem Mann noch dieses oder jenes Land in Europa bereisen kann und mich am Hier und Jetzt erfreue.

Ich bin der festen Überzeugung, dass alle meine Lieben, die bereits von dieser Welt geschieden sind, in Gottes verheißenem Land auf mich warten und dass wir uns alle einmal wiedersehen werden. In diesem Sinne habe ich keine Angst vor dem Tod. Für mich ist es ein Nach-Hause-Gehen zu meinem Schöpfer.

Veronika M.

In der Abhängigkeit von Gott weitergehen
Ich wünsche mir, dass ich weiterhin Gott dienen kann. In den vergangenen zwei Jahren hat Gott die Leidenschaft in mir geweckt, Bibelverse zu zeichnen und schönzuschreiben. Das will ich weiter tun. Es erfüllt mich mit Freude, dass ich erleben darf, wie andere dadurch ermutigt werden. Ich möchte weiterhin in dieser Abhängigkeit mit Gott bleiben, sogar noch tiefer hineinkommen. Ich möchte mit meinem Leben ein Licht und ein Zeugnis sein für unseren großen Gott. Ich möchte für meine Mitmenschen da sein und sie in ihrem Glauben stärken.

Mich begleitet eine Prophetie von einer Person, welche mich, bevor sie mir diese Prophetie weitergab, nicht kannte. Darin enthalten ist, dass ich geheilt sein werde, gesund. Ich kenne Gottes Zeitplan nicht und manchmal habe ich Mühe, wirklich daran festzuhalten. Und dann will ich es doch wieder tun und daran glauben, dass Gott Großes tun kann!

Deborah Keller

Gott lässt mich nie im Stich!
Ich wünsche mir, dass ich Gottes Plan für mein Leben umsetzen kann. Ich wünsche mir, dass ich mit Gottes Hilfe seine Liebe weitergeben kann und ihm ähnlicher werde. Ich möchte eine Frau nach Gottes Herzen werden und eine in-

nige, lebendige Beziehung zu Gott leben, die immer tiefer wird. Eines Tages möchte ich gerne zurückschauen können auf ein erfülltes, gesegnetes Leben.

Ich glaube, mein verheißenes Land wird es in der Ewigkeit geben an Gottes Seite im Himmel. Seine Verheißungen in seinem Wort, seine Liebe und seine Nähe durch den Heiligen Geist helfen mir, in dieser Welt voranzugehen und durchzuhalten.

Die Verheißung, dass Jesus für meine Sünden und Krankheit gestorben und auferstanden ist, begleitet mich. Er hat versprochen, uns nicht allein zu lassen, und er hat uns den Heiligen Geist geschenkt. In seiner Gegenwart bin ich sicher. Nichts kann mich trennen von seiner Liebe. Gott ist mein Versorger in allen Bereichen meines Lebens. Und wenn ich sterbe, darf ich mit Jesus Christus im Himmel weiterleben. Das ist meine Hoffnung!

Natascha

Mit Gott im Gespräch

Stell dir vor, es ist Sprechstunde bei Gott und du gehst hin.
Du trittst ein.
Ein warmes, angenehmes Licht heißt dich willkommen,
lädt dich ein, Platz zu nehmen.
Das tut gut.
Du wartest auf Gott,

dass er zu dir kommt
und mit dir spricht.
Du liebst diese Augen-Blicke mit Gott.
Sie tun dir gut.
Vor allem jetzt, in diesen herausfordernden Zeiten.
Gott kommt zu dir, sieht dich an: »*Ja, bitte?*«

»Ich warte.«
»*Worauf wartest du?*«, fragt Gott.
»Auf Lösungen, auf Entlastung, auf Hilfe,
auf eine Veränderung – auf Erlösung ...«

»*Was soll gelöst und verändert werden?*«
Gott ist immer interessiert an dem, was dich beschäftigt.
»Diese Krise, diese Welt,
diese Menschen ... und auch ich!«
»*Und wenn dies geschehen ist, was dann?*«, will Gott weiter-
wissen.

»Dann können wir aufatmen, sind entlastet, können wieder
leben.«
Ja, so stellst du dir das vor.

»*Und dann könnt ihr wieder weiterhetzen, herrschen und stressen*«,
ergänzt Gott und schaut dich fragend an.
Er hat recht.

Mensch bleibt Mensch.
Und die Muster bleiben dieselben,
wenn da nicht das Wunder einer echten Veränderung geschieht,

die mitten im Herzen ansetzt.
Dennoch ist da die tiefe Sehnsucht in dir:
nach Erlösung,
nach Geborgensein in einer Welt voller Ungeborgenheit.
In dir wohnt die Hoffnung, dass dennoch alles gut wird
und dass ein Größerer das letzte Wort haben wird.
Diese Gedanken gehen dir durch Kopf und Herz
und du staunst, was dir hier so alles in den Sinn kommt.

»Worauf wartest du?«, fragt Gott ein zweites Mal.
Sein liebender Blick ruht auf dir.

»Auf dich. Dass du kommst.
Auf deine Lösungen, auf deine Hilfe,
auf eine Veränderung durch dich!«

Da berührt Gott dein Herz,
nimmt es in seine Hand,
nimmt es an sein Herz
und gleicht es seinem Herzschlag an.
Dann pflanzt er es dir wieder ein.

Du spürst die Veränderung.
Du fühlst dich anders, wie neugeboren,
entlastet, gelöst, verändert, lebendig.

»Ja, ich komme bald«,[37] spricht Gott dir zu.
Du siehst den Ernst in seinen Augen.

---

37 Offenbarung 3,11; 22,7; 22,12; 22,20

»Und hier kommt mein Wort zu dir,
mein Licht, mein Heil, Hilfe und Leben von mir.«[38]

Gott gibt dir all das mit auf den Weg,
du sammelst seine Worte, sein Licht und seine Gaben
wie einen Schatz in deinem Herzen.
»Amen, ja, komm!«,[39] antwortet deine Sehnsucht.

ANgeDACHT

»HERR, ich warte auf dein Heil!« (Psalm 119,166 LUT)

Warten
Wer wartet schon gerne? Wartest du gerne?
Worauf warten wir in einem neuen Jahr? Was erwarten
wir?
Und überhaupt: Was erwarten wir vom Leben?
Worauf warten wir, wenn wir warten?
Was geschieht, wenn wir zu Ende gewartet haben?

Mit Warten ist eine Hoffnung verbunden, ein Sehnen und
der damit verbundene Wunsch, dass sich die Hoffnung erfüllt und die Sehnsucht gestillt wird. Warten braucht Geduld
und was diese Geduld nährt, ist die beharrliche Hoffnung.
Dieser Satz *»HERR, ich warte auf dein Heil!«* taucht zum ers-

---

38 2. Samuel 7,4; Psalm 27,1; Psalm 121,2; Johannes 10,10
39 Offenbarung 22,20 NGÜ: »Amen. Ja, komm, Herr Jesus!«

ten Mal in 1. Mose 49,18 auf und wird von Jakob ausgesprochen. Aber worauf wartet Jakob?

Eigentlich wartet er nur noch auf sein Ende – auf seinen Tod. Jakob liegt auf seinem Sterbebett und schenkt jedem seiner Söhne ein Wort: den väterlichen Segen. Diesen hatte er sich in jungen Jahren von seinem Vater erschlichen. Nun hat er seine Lektion gelernt und macht es anders (nachzulesen in 1. Mose 49). Als Jakob seinen siebten Sohn Dan (der Name »Dan« bedeutet *Richter*) als zukünftigen Richterstamm segnet, gibt er diesen eindrücklichen Satz von sich: »*HERR, ich warte auf dein Heil!*«

Jakob sehnt sich nach Heil, nach Erlösung, nach Gottes Heilstaten und nicht nach menschlichem Wirken und Walten. Das hatte er in seinem Leben zur Genüge erfahren, denn sein Leben war geprägt von enttäuschten Hoffnungen, schmerzhaften Verlusten, Trauer, Lug und Betrug, Unversöhnlichkeit ... und dennoch von Segenszusagen und Segenszeichen Gottes. Nun vertraut Jakob nicht mehr seinen Tricks und Methoden, sondern er setzt seine Hoffnung auf einen anderen: »*HERR, ich warte auf dein Heil!*«

Was ist Heil? Was bedeutet dieses Wort?

Das Wort für Heil heißt auf Hebräisch »Jeschuah« und entspricht dem hebräischen Namen von Jesus. Das Wort *Jeschuah* bedeutet *Heil, Hilfe* und beschreibt die *Heilstaten* Gottes. In der Ankündigung der Geburt Jesu an Josef in Matthäus 1,21 wird mitgeteilt, dass das Kind Jesus heißen soll, denn »*er wird sein Volk retten von ihren Sünden*« (LUT).

Das Verb aus der Wurzel von *Jeschuah* bedeutet *helfen, retten, zu Hilfe kommen*. Dieser Name *Jeschuah* (Jesus) ist und bleibt Programm.

Als Jakob diese Worte »HERR, ich warte auf dein Heil!« ausspricht, klingt es fast wie eine Vision und eine Prophezeiung. Mit seinem inneren Auge scheint er mehr und weiter zu sehen, als sein irdischer Blick reicht. Jakob, der Vater von zwölf Söhnen und Stammvater von zwölf Stämmen, der seine Hoffnung lange Zeit auf den einen leiblichen Sohn gesetzt hat, hat auf einmal einen anderen »Sohn« vor Augen: das Heil Gottes, den Heiland: *Jeschuah!*

In Psalm 119,166 wird dieser Satz wiederholt. In allen 176 Versen dieses Psalms geht es beständig um Gottes Wort, Gottes Weisungen und Gesetze. Und auch hier ist wieder Jesus das Zentrum, denn er ist das fleischgewordene Wort Gottes: »*Gott war das Wort ... und das Wort ward Fleisch und wohnte unter uns*« (Johannes 1,1.14 LUT).

Rund um die Geburt Jesu wird berichtet, wie Menschen warten, hoffen und sich sehnen – bewusst oder unbewusst.

So auch der alte *Simeon:* Er wartet schon lange auf den Trost Israels und hat vom Heiligen Geist die Verheißung bekommen, den Messias noch zu seinen Lebzeiten zu sehen (Lukas 2,22-35). Als Maria und Josef den neugeborenen Jesus in den Tempel bringen, sieht Simeon das Kind, nimmt es in die Arme, lobt Gott und sagt: »*Herr, nun kann dein Diener in Frieden sterben, denn du hast deine Zusage erfüllt. Mit eigenen Augen habe ich das Heil gesehen, das du für alle Völker bereitet hast – ein Licht, das die Nationen erleuchtet, und der Ruhm deines Volkes Israel.*« (V. 29-32 NGÜ)

Simeons Warten hat sich gelohnt. Seine Hoffnung wird erfüllt, seine Sehnsucht gestillt.

Worauf wartest du? Wonach sehnst du dich?

Hoffst du auf etwas, das über das Irdische hinausgeht?

Hoffst auch du auf das Heil Gottes, auf den Messias?

Hoffst du auch darauf, dass er wiederkommen wird, wie er es gesagt hat?

Gott möge unsere Sehnsucht nach ihm stillen und unsere Augen für sein Heil und für ihn selbst öffnen. Er stärke die Hoffnung auf sein Kommen – auf seine Wiederkunft!

Gebet

Gott
wir warten auf dich,
wir sehnen uns nach dir,
dass du kommst,
dass du wiederkommst.

Gott
komm wieder zu uns
und erfülle unser Denken,
damit wir dich denken.

Gott
komm zu uns
und gestalte unsere Worte,
damit wir Gutes sagen.

Gott
komm wieder zu uns
und berühre unsere Herzen,
damit wir lebendig werden.

Gott,
komm zu uns
und belebe unser Handeln,
damit wir Liebe wirken.

Gott,
komm wieder zu uns
und berühre uns,
damit wir uns dir öffnen
und dich empfangen:
immer wieder neu,
immer wieder,
immer!
Willkommen
Gott

AMEN

AUSBLICK

Dem Hoffnungshorizont entgegen leben

Zum Thema Resilienz – voller Hoffnung zu leben, dennoch zu vertrauen, eine Situation anzunehmen und sich Gott mitten im Leid anzuvertrauen – kommt mir der bekannte evangelische Theologe Dietrich Bonhoeffer und sein Text *Von guten Mächten treu und still umgeben* in den Sinn.

Als dieser Text entsteht, findet sich Dietrich Bonhoeffer mitten in den Bedrohungen und Schrecken des Dritten Reichs unter Hitler. Er ist seit Frühjahr 1943 in Haft und wird im Oktober 1944 unter schwierigsten Haftbedingungen ins Gestapo-Gefängnis, das Reichssicherheitshauptamt in Berlin, verlegt. Sein Text *Von guten Mächten* gehört zu seinen letzten schriftlichen Lebenszeichen. Das Gedicht richtet sich zuerst an seine Angehörigen: an seine Verlobte und an seine Familie zum Jahreswechsel 1944/1945.

Aber zugleich lädt dieser Text auch uns hier und heute ein zu entscheiden, ob und wem wir vertrauen und wem wir uns im Leben, aber auch angesichts des Todes und in Gefahren anvertrauen möchten. Diese Zeilen ermutigen uns zum Gottvertrauen und dazu, unsere Zuflucht und Sicherheit bei Gott zu suchen – denn materielle Absicherungen oder selbst andere Menschen können uns nie das Heil oder den Frieden geben, nach dem wir uns zutiefst sehnen.

Trotz seiner widrigen Umstände spürt Dietrich Bonhoeffer, dass gute Mächte von Gott bei ihm gegenwärtig sind und dass er deshalb behütet ist. Das tröstet ihn und hilft ihm zu vertrauen – komme, was wolle! Und so beschreibt Bonhoeffer in den ersten beiden Strophen, dass er von guten Mächten umgeben, behütet und getröstet ist, dass da ein Größerer ist, der mitkommt, auch in ein neues Morgen. Es gibt zwar noch das Alte, die Sorgenqualen, die Lebenslasten, aber da ist auch Gott, der etwas Besseres für uns bereit hat: sein Heil. Darum dürfen wir vertrauensvoll in die Zukunft gehen und offen sein für das, was kommt, weil Gott immer mit uns ist und wir von Gottes guten Mächten geborgen sind.

Von guten Mächten treu und still umgeben,
behütet und getröstet wunderbar,
so will ich diese Tage mit euch leben
und mit euch gehen in ein neues Jahr.

Noch will das alte unsre Herzen quälen,
noch drückt uns böser Tage schwere Last.
Ach Herr, gib unsern aufgeschreckten Seelen
das Heil, für das du uns bereitet hast.

Refrain:
Von guten Mächten wunderbar geborgen,
erwarten wir getrost, was kommen mag.
Gott ist bei uns am Abend und am Morgen
und ganz gewiss an jedem neuen Tag.

Diese Worte laden uns ein, uns und unser Leben Gottes Händen und seiner Fürsorge zu überlassen – im Leben und im Sterben, an jedem Tag, für jedes neue Jahr und jeden neuen Lebensabschnitt, trotz unserer Vergangenheit und trotz allem, was unsere Herzen quält. Die einzigartige Macht Gottes steht über allem. Er behält den Überblick, auch wenn wir nicht mehr weiterwissen. Er meint es gut mit uns, auch wenn wir dies nicht immer verstehen können. Auch wenn der bittere Kelch des Leidens vor uns steht, bleibt Gott an unserer Seite, auch im finsteren Tal. Er ist bei uns.

Zugleich ermutigt Bonhoeffer dazu, sich an das Gute im Leben zu erinnern und die vergangenen schönen Momente im Gedächtnis zu behalten, denn Erinnern bewahrt vor dem Vergessen (vgl. Kapitel 2). Das hat nichts mit Schönreden zu tun, sondern es ist die Entscheidung, trotz allem, trotz Schwierigkeiten und Enttäuschungen, die guten Momente zu bewahren und dankbar dafür zu sein. Denn jeder Tag, jeder Lebenstag, jeder Atemzug ist letztlich ein Geschenk. Dankbarkeit tut uns gut und hilft, auch das Schwierige ins Leben zu integrieren. Dies hat auch mit Loslassen zu tun. Wir dürfen alles Schwere und Schwierige unseres Lebens Gott überlassen, dem alles vertraut ist, der die Gründe und Hintergründe von allem sieht und der bis ins Herz sieht und versteht. Bei ihm ist auch das Leiden, das Schwere und Schwierige, alles, was wir nicht verstehen, am besten aufgehoben.

Wer sich und sein Leben mit allem Gottes Händen überlässt, der findet auch ein Ja zum Ist-Zustand, zur Realität. Er kann auch den bitteren Kelch aus Gottes Hand nehmen, weil er dahinter eine gute und geliebte bzw. liebende Hand erkennt. Das tiefe Wissen, dass Gott es gut mit uns meint, erleichtert den Schritt, sich ganz in Gottes Hände fallen zu lassen und ihm das eigene Leben anzuvertrauen, mit allen Erinnerungen der Vergangenheit.

So beschreiben es die nächsten beiden Strophen:

> *Und reichst du uns den schweren Kelch, den bittern*
> *des Leids, gefüllt bis an den höchsten Rand,*
> *so nehmen wir ihn dankbar ohne Zittern*
> *aus deiner guten und geliebten Hand.*

> *Doch willst du uns noch einmal Freude schenken*
> *an dieser Welt und ihrer Sonne Glanz,*
> *dann wolln wir des Vergangenen gedenken*
> *und dann gehört dir unser Leben ganz.*

> *Refrain:*
> *Von guten Mächten wunderbar geborgen,*
> *erwarten wir getrost, was kommen mag.*
> *Gott ist bei uns am Abend und am Morgen*
> *und ganz gewiss an jedem neuen Tag.*

Wenn wir uns so Gott überlassen haben – mit den Situationen, Dingen und Menschen, auch mit dem, was unser Innerstes quält; wenn wir dankbar bewahren können, was er uns und unseren Lieben Gutes getan hat – dann kann es in uns ruhig werden und Frieden in unser Herz einziehen. Mitten in unsere Dunkelheit, in unsere Traurigkeit, die Trauer und den Schmerz, in die Sorgen um unsere Gegenwart und Zukunft, aber auch in die Finsternis des Bösen und Grausamen leuchtet ein Funke auf, eine Flamme, die Licht, Wärme und Hoffnung bringt. So schreibt Dietrich Bonhoeffer weiter:

Lass warm und still die Kerzen heute flammen,
die du in unsre Dunkelheit gebracht,
führ, wenn es sein kann, wieder uns zusammen.
Wir wissen es, dein Licht scheint in der Nacht.

Die Kerzenflammen, von denen Bonhoeffer spricht, erinnern uns daran, dass es auch in der Nacht des Lebens und mitten im finsteren Tal ein Licht gibt – nicht erst am Ende des Tunnels, sondern mittendrin: Gott ist da, auch im Dunkel des Lebens, auch in der Finsternis. Er kommt mit. Er begleitet uns. Bei ihm sind wir am besten aufgehoben.

Doch was ist mit unseren Träumen, Wünschen, Sehnsüchten und Hoffnungen? Bonhoeffer hatte sehr gehofft, seine Familie und seine Verlobte nochmals wiederzusehen. Aber dieser Wunsch wurde ihm nicht erfüllt. Er hätte verzweifeln können, aber doch trägt die Hoffnung durch diesen Text. Der kleine Einschub »Führ, *wenn es sein kann,* wieder uns zusammen« zeugt von einem Vertrauen, das trägt. Bonhoeffer sagt nicht, dass es sein muss, sondern er überlässt es Gott, ob es auf dieser Erde nochmals möglich sein wird. Dieses »*Wenn es sein kann*« erinnert an den Kampf Jesu im Garten Gethsemane vor seinem Tod, bei dem er schließlich zu Gott sagt: »*Nicht mein, sondern dein Wille geschehe*« (Lukas 22,42 LUT). Denn er weiß: Gottes Licht scheint auch in der Nacht!

Und doch gehört im Leben auch ein Ringen und Kämpfen, Hadern und Zweifeln dazu, wenn wir verzichten müssen; wenn es anders kommt, als wir uns das erhofft, geplant oder gewünscht haben. Dann ist es am besten, wenn wir darüber direkt mit Gott ins Gespräch kommen, bis wir uns durchringen können zum »Dein Wille geschehe!«.

Ja, wir dürfen wünschen. Wir dürfen Gott unsere Sehnsucht sagen. Und doch sind wir im Leben am besten unterwegs, wenn wir die Kontrolle über das, was wir nicht in der Hand haben, abgeben und uns Gottes Händen und seinem Willen überlassen. Denn: Wir wissen ja nicht, was danach kommt – aber wir dürfen sicher sein, dass bei Gott ein Daheim auf uns wartet, welches alles Bisherige *hier* übersteigt, so wie es uns Jesus verspricht. Mit diesem Sich-Gott-Überlassen kehrt Friede ein und es wird still und ruhig um uns.

Wenn sich die Stille nun tief um uns breitet,
so lass uns hören jenen vollen Klang
der Welt, die unsichtbar sich um uns weitet,
all deiner Kinder hohen Lobgesang.

Wenn wir alles Beängstigende, Traurige, Schwere, Gefährliche, Bedrohliche bei Gott abgeben, dann erst werden wir hellhörig und feinfühlig, wach und achtsam für die unsichtbare Welt um uns her. Im Lärm der Gegenwart, im Geschrei und der Unruhe des Alltags sind wir meistens blind und taub für die leisen Töne und Stimmen von Gottes Gegenwart. Wir sind eingeladen, immer wieder die Stille zu suchen und offen zu werden für das, was Gott uns sagen und schenken will. Jeder Tag schenkt uns die Möglichkeit, eine Entscheidung zu treffen und uns diesem Gott, der gegenwärtig ist und uns von allen Seiten umgibt, anzuvertrauen – fürs Leben und fürs Sterben.

ANgeDACHT

Von allen Seiten umgibst du mich, ich bin ganz in deiner Hand. (Psalm 139,5 GNB)

Wie geht es dir mit der Vorstellung, von allen Seiten umgeben zu sein?

Gibt das ein Gefühl von Enge, die Angst, gefangen oder eingekesselt zu sein?

Oder eher ein Gefühl von Geborgenheit und Sicherheit?

David, der Dichter und Beter von Psalm 139, macht sich bewusst, dass Gott gegenwärtig nah ist – und dies nicht schnell mal zwischendurch, sondern beständig, bleibend, immer und überall. »Von allen Seiten« bedeutet wörtlich: Vorderseite und Rückseite, von hinten und von vorn, vom Osten bis zum Westen, vom Sonnenaufgang bis zum Sonnenuntergang, gestern und morgen, früher und weiterhin.

Dieses Umgebensein und das Wissen, dass Gottes Hand über uns ist, kann positiv als Schutz und Geborgenheit, aber auch negativ als Einengung und Kontrolle empfunden werden *(»Big father is watching you!«)*.

Sowohl das hebräische Wort für *umgeben* als auch das Wort für *Hand* beinhalten beide in der Wortwurzel die Bedeutung von *Felsen* bzw. *Felsblock*. Da kommt etwas Beständiges zum Ausdruck, etwas, das Halt bietet, das sicher ist und bestehen bleibt.

Und hältst deine Hand über mir oder: *Du legst deine Hand auf mich:*

Dies kann eine Geste des Segnens, Tröstens und Beschützens sein, aber auch eine der Beschlagnahmung. Die Entscheidung, wer Gott in seinen Augen ist, liegt bei dem Menschen, der diesen Text betet.

Wie ist das bei mir? Sehe ich Gott als den, der mich begleitet, behütet und mit seinem Segen beschenkt, der es grundsätzlich gut mit mir meint – oder als den, der mich überwacht, kontrolliert, einengt und mich meiner Freiheit beraubt?

Gott begegnet den Menschen in der Bibel als der Gott, der aus der Enge in die Freiheit führt (das hebräische Wort für Ägypten, »mizraijm«, bedeutet wörtlich übersetzt: »aus der Enge«). Er wird als der Gott beschrieben, der aus Knechtschaft, Bindungen und Zwängen in die Weite, Mündigkeit und Verantwortung befreit.

Gott begegnet uns als persönlicher Gott, der Menschen aus der Beziehungslosigkeit und Einsamkeit in ein neues Land bringt, der Gemeinschaft mit Sinn stiftet, der vorausgeht und der mitkommt. Gott selbst ermöglicht Beziehung und ein sicheres Aufgehobensein darin.

Von hinten und von vorn hast du mich umschlossen, du hast deine Hand auf mich gelegt. (Vers 5 ELB)

Dieser Vers in Psalm 139 nimmt den Anfang des Psalms auf, in dem es heißt, dass Gott uns durch und durch kennt und mit allen unseren Wegen vertraut ist, auch mit unseren Gedanken und Worten. Er kennt uns besser als wir selbst: unser Sitzen und Stehen, Liegen und Gehen. Er versteht und kennt seine Menschen.

Was macht das mit mir persönlich? Wie fühlt sich das an?

Gott zwingt mir seine Gegenwart nicht auf, aber er bietet sie an.

Du bist vor mir und hinter mir und legst deine schützende Hand auf mich. (Vers 5 NLB)

Gebet

Gott,
in deiner Hand,
sicher und geborgen
wie in einer Höhle,
kann ich gelassen und ruhig
dem entgegengehen,
was kommen mag.

Du bist bei mir
vom Morgen bis zum Abend
und auch des Nachts.
Du gehst mit mir in jeden neuen Tag.
Du bist da,
bist mit mir vertraut.
Ich bin da,
von dir verstanden.
Wir sind da,
miteinander
verbunden.

So lebe ich:
Umgeben von allen Seiten,
beflügelt von deinem Geist
der Kraft und der Liebe,
der ins Leben befreit,
der in die Weite führt,
der in die Verantwortung begleitet.

Unter deinem Schutz will ich
unterwegs sein,
Schritte gehen, wirken, leben
und immer wieder
zurückkehren in deine Liebe.

AMEN

Und am Ende die Weisheit

»Und die Weisheit, das eine vom anderen zu unterscheiden ...«

Es ist nicht immer leicht, in all den komplexen Lebenssituationen angemessen zu reagieren. Manchmal ist gelassenes Abwarten gefragt; manchmal ist es dran, Initiative zu ergreifen und Schritte in Richtung Veränderung zu wagen. Und immer braucht es die Weisheit zu erkennen, *was wann wo wie* dran ist.

Die Bibel ermutigt uns dazu, Gott um seine Weisheit zu bitten, wenn uns Weisheit fehlt: *Wenn es aber einem von euch an Weisheit fehlt, bitte er Gott darum und sie wird ihm gegeben werden; denn Gott gibt allen gern und macht »dem, der ihn bittet«, keine Vorhaltungen. Doch soll der Betreffende seine Bitte in einer Haltung des Vertrauens vorbringen.* (Jakobus 1,5-6 NGÜ)

Die Weisheit hingegen, die von oben kommt, ist in erster Linie rein und heilig, dann aber auch friedfertig, freundlich und bereit, sich etwas sagen zu lassen. Sie ist voll Erbarmen und bringt eine Fülle von Gutem hervor; sie ist unparteiisch und frei von jeder Heuchelei. (Jakobus 3,17 NGÜ)

Und auch sonst dürfen wir immer und zu jeder Zeit um das bitten, was wir brauchen, was uns fehlt, wonach wir uns sehnen, am besten mit der Ergänzung »*Doch nicht mein, sondern dein Wille soll geschehen*« – auch das macht gelassen und hilft letztendlich, durchzuhalten in schwierigen Zeiten, weil wir uns damit bewusst machen, dass noch ein anderer mitdenkt und für uns sorgt.

So dürfen wir Gott um innere **S**tabilität und Vertrauen bitten, um die Kraft, **t**rotzdem zu hoffen, das Gute zu sehen, und immer wieder neu um das Ja, eine Situation zu **a**kzeptieren. Immer wieder neu dürfen wir uns Gott anvertrauen und ihn um Mut bitten, **E**influss zu nehmen, wo es möglich ist. Er möge uns offene Augen schenken für die wertvolle **R**essource an Beziehungen und Menschen um uns herum. Gott, unsere **K**raftquelle, möge die Sehnsucht in uns nähren, bei ihm, aus seinem Wort und im Gespräch mit ihm Kraft zu schöpfen und aufzutanken. Er halte in uns die **E**rwartung und das Vertrauen am Leben, dass er seine Verheißungen erfüllen wird, dass er uns Zukunft und Hoffnung schenkt.

Die unterschiedlichen Aspekte zum Thema Resilienz auf biblischer Grundlage sind mit meinen Ausführungen auf keinen Fall abgeschlossen. Im Gegenteil!

Vermutlich habe ich mit diesem Buch lediglich ein Fenster

geöffnet und einen Einblick in die Fülle an Möglichkeiten gegeben. Mein Wunsch ist, dass ich mit meinen Gedanken dazu angeregt habe, selbst im Buch der Bücher und im Gespräch mit Gott nach Hilfen und Tipps zu suchen, um die eigenen Stärken und Ressourcen im Umgang mit Schwierigkeiten zu entdecken und mit neuer Kraft und Zuversicht dem Hoffnungshorizont entgegenzuleben – mit Gottes Segen.

Staerke-Gebet

Gott, ich bitte dich: Schenke mir **STAERKE** zum Leben.

Segne mich, Herr, mit deiner **S**icht über mich,
mit **S**tabilität und **S**icherheit.
Du gibst mir meinen Wert. Du gibst meinem Leben **S**inn.
*Du **s**tehst zu mir!*

Trotz allem will ich hoffen und dir dennoch vertrauen.
Treu stehst du mir zur Seite: **T**ag für **T**ag.
Du **t**röstest. Du hilfst **t**ragen.
Du hilfst mir immer wieder,
trotzdem Ja zum Leben zu sagen.
*Dir **t**raue ich Großes zu!*

Auch im finsteren Tal **a**chtest du auf mich.
Hilf mir, Herr, **a**nzunehmen, was ich nicht **ä**ndern kann.
Antworte mir, wenn ich zu dir komme mit meinen Fragen,
denn die **A**ntwort bist DU allein!
Ja, sei du meine **A**ntwort.
*Dir vertraue ich mich **a**n!*

Erforsche mich, Gott, und **e**rkenne mein Herz.
Erbarme dich über mich und **e**rneuere meinen Sinn:
meine **E**instellung zu Umständen, zu mir selbst und zu dir.
Erfülle mich mit Hoffnung und Kreativität.
Ermutige mich, **e**rmächtige mich zum Sein und Tun.
*Ich **e**rkenne: Du bist mein **E**rlöser.*

Rufe mich an in der Not, sagst du.
Ja, zu dir **r**ufe ich, denn du machst mein Leben reich,
schenkst mir den **R**eichtum deiner **R**essourcen.
Bei dir finde ich **R**ettung und **R**ückhalt.
*Bei dir kommt meine Seele zur **R**uhe.*

Komm, Herr Jesus, **k**ehr bei mir ein,
Du, meines Lebens **K**raft,
meine **K**raftquelle, meine Lebensquelle.
*Mit meiner Sehnsucht **k**omme ich zu dir.*

Ewiger, du bleibst für immer.
Erlöse mich aus meiner **E**nge, führ mich in deine Weite.
Du wartest. Du **e**rwartest mich.
Bei dir bin ich daheim. Ich bin dein. **E**ndlich **e**wig dein!
*Du **e**rquickst meine Seele.*

Gott, sei du die **STAERKE** in meiner Schwachheit.
Sei du meine **STAERKE**.
HERR, segne mich mit DEINER Stärke!

AMEN

Mit Gott im Gespräch – Hoffnung pflanzen

Stell dir vor, es ist Sprechstunde bei Gott und du gehst hin.
Du trittst ein.
Ein warmes, angenehmes Licht heißt dich willkommen,
lädt dich ein, Platz zu nehmen.
Das tut gut.
Gott kommt zu dir, sieht dich an. *»Ja, bitte?«*

Sollst du wirklich sagen, was dich beschäftigt?
Schließlich gibst du dir innerlich einen Ruck:
»Ich fühle mich so leer. Irgendwie macht doch alles keinen
Sinn!«
Jetzt ist es gesagt.

»Du meinst, es fällt dir schwer, trotz allem zu hoffen?«
Ja, so könnte man es auch sagen, denkst du.
Gott sieht dich an. Und dieser Blick erfüllt dich jedes Mal
von Neuem.
Dennoch willst du mehr: »Was bedeutet hoffen?«
»Hoffen heißt, in einer grauen, leeren Welt auf den Regenbogen

am Himmel aufmerksam zu machen; hoffen heißt, in einer ver-
stummten und doch lauten Welt Melodien des Lebens zu sum-
men; hoffen heißt, in einer toten Welt Hoffnung zu pflanzen ...«
Du hörst die Hoffnungsmelodie, die in Gottes Stimme mit-
schwingt.

»Wie pflanze ich Hoffnung?«
»Hier«, sagt Gott und zeigt dir einen kleinen Samen in seiner
Hand.
»Das ist ein Senfkorn. Säe es. Pflege es.
Hilf ihm zu wachsen und sich zu entfalten – zu einem
Hoffnungsbaum.«[40]

Du hättest noch viele Fragen, aber irgendwie merkst du, dass
jetzt etwas anderes dran ist. Du streckst Gott deine Hand
entgegen. Das kleine Senfkorn Hoffnung fällt sanft hinein.
Dann stehst du auf, mit einem neuen Satz im Herzen:
Wo Gott dich hingesät hat, da sollst du blühen ...[41]
Könnte das Hoffnung sein?

Dieser Gedanke breitet sich in dir aus und wächst zu einem
Entschluss.
Der Same entfaltet sich und du gehst voller Zuversicht
dem Hoffnungshorizont entgegen.

---

40 Vgl. Matthäus 13,31.32
41 Afrikanisches Sprichwort

Segen

Der Ewige, der dich kennt und versteht,
wende dir sein Angesicht zu
bei deinem Sitzen und Aufstehen,
bei deinem Gehen und Liegen.
Sein liebender Blick geleite dich
auf allen deinen Wegen.

Der Ewige, der mit deinem Leben vertraut ist,
verleihe dir Ansehen und Würde.
Er segne deine Gedanken, deine Worte, dein Wirken.
Er umarme dich mit seiner Liebe und Huld.
Er hülle dich ein in den Mantel seiner Güte und Freundlich-
keit.
Er umgebe dich von allen Seiten mit seinem Segen und
Schutz.

So bist du
sicher in seiner Hand.
geborgen an seinem Herzen.
So wirst du GANZ
in seiner Gegenwart!

AMEN

Verwendete Quellen/ weiterführende Literatur:

Bücher zum Thema/Verwendete Literatur:

Beate und Winrich Scheffbuch: *Den Kummer sich vom Herzen singen & Dennoch fröhlich singen.* SCM Hänssler 2011

Monika Gruhl & Hugo Körbächer. *Mit Resilienz leichter durch den Alltag.* Das Trainingsbuch. Kreuz Verlag 2012

Jutta Heller. *Das wirft mich nicht um. Mit Resilienz stark durchs Leben gehen.* Kösel Verlag 2015

Theologisches Begriffslexikon zum Neuen Testament. R. Brockhaus Verlag 1. Sonderausgabe 1993

Und besonders empfehlenswert:

DIE BIBEL!

Informationen/Hinweise im Internet:

https://www.geo.de/magazine/geo-wissen/19986-rtkl-widerstandskraft-resilienz-das-geheimnis-der-inneren-staerke

https://www.coachingzentrum.ch/ueber-uns/news-artikel/news-detail/artikel/10-tipps-um-resilienz-zu-staerken-105/?type=rss&cHash=d212f74ffdb247e463a58e47eeaee5dd

https://www.blueprints.de/selbstwert/resilienz-staerken.html

https://arbeits-abc.de/resilienz/

https://zeitzuleben.de/tipps-resilienz/

Florian Hoffmann: https://medium.com/mindsetboosting/du-bist-was-du-denkst-wie-deine-gedanken-deine-realit%C3%A4t-schaffen-ae62d6a53ace

Urs Bärtschi: https://coaching-persoenlichkeitsentwicklung.ch/mensch-mag-dich-und-wie-man-gesundes-selbstvertrauen-aufbauen-kann/

https://www.betanet.de/sterbephasen-nach-kuebler-ross.html

Werner Löser »Wer singt, betet doppelt« Zur Einführung des neuen Gotteslob. Siehe unter: https://www.ekd.de/pm131_2012_schneider_johannisempfang.htm

Ein weiteres Buch der Autorin

Vom Sandkorn zur Perle
Wie aus Verletzungen Segen
erwachsen kann
ISBN 978-3-86827-342-7
112 Seiten, gebunden

Sandkörner gibt es genügend in unserem Leben – Schmerzpunkte, die uns lähmen, quälen und manchmal sogar zerstören. Die Perlmuschel gibt uns ein wunderbares Beispiel, wie aus einem schmerzenden Sandkorn eine kostbare Perle entstehen kann.

Pfarrerin Sabine Herold zeigt auf, wie auch wir mit unseren Erfahrungen so umgehen können, dass aus den schmerzenden »Sandkörnern« in unserem Leben Perlen werden. Dabei nimmt sie sowohl Bezug auf das teils schwere Schicksal biblischer Personen als auch auf Erlebnisse von Frauen aus ihrem Umfeld. Sie erzählt offen und ehrlich von ihren eigenen Sandkörnern und gibt Einblicke, wie Gottes Perlmutt sie letztlich hat heil werden lassen.

Mit vertiefenden Fragen und Gebeten zum Nachsprechen.